◆ 梁小民 ◆
作品集

游山西 话晋商

梁小民 著

北京大学出版社
PEKING UNIVERSITY PRESS

图书在版编目 (CIP) 数据

游山西　话晋商/梁小民著．—北京：北京大学出版社，2015.7
（梁小民作品集）
ISBN 978-7-301-25847-7

Ⅰ.①游…　Ⅱ.①梁…　Ⅲ.①晋商–研究　Ⅳ.①F729

中国版本图书馆CIP数据核字（2015）第103536号

书　　　名	游山西　话晋商
著作责任者	梁小民　著
策 划 编 辑	孙　晔
责 任 编 辑	叶　楠
标 准 书 号	ISBN 978-7-301-25847-7
出 版 发 行	北京大学出版社
地　　　址	北京市海淀区成府路 205 号　100871
网　　　址	http://www.pup.cn
电 子 信 箱	em@pup.cn　QQ：552063295
新 浪 微 博	@北京大学出版社　@北京大学出版社经管图书
电　　　话	邮购部 62752015　发行部 62750672　编辑部 62752926
印 刷 者	北京大学印刷厂
经 销 者	新华书店
	650 毫米 × 965 毫米　16 开本　19.75 印张　237 千字
	2015 年 7 月第 1 版　2015 年 7 月第 1 次印刷
定　　　价	39.00 元

未经许可，不得以任何方式复制或抄袭本书之部分或全部内容。
版权所有，侵权必究
举报电话：010-62752024　电子信箱：fd@pup.pku.edu.cn
图书如有印装质量问题，请与出版部联系，电话：010-62756370

朋友，到山西去。

那里有五千年的文明，有五百年的晋商。在那里，你可以游览名胜古迹，体验晋商的辉煌。跟着这本书进行一次晋商之旅，将是你一生难忘的一段经历。

让我们现在就出发！

目 录

导　言——回望晋商的文化之旅 / 001

01　那一片浩瀚的盐池——晋商的起点 / 001

02　湮没在历史中的晋商——早期晋商发展史 / 009

03　黄河边上的铁牛——冶铁业与晋商的兴起 / 015

04　西门庆送给妻妾的潞绸——丝绸业与晋商的兴起 / 021

05　并不遥远的驼铃声——晋商清代的驼帮 / 027

06　来自北方的商机——"开中制"与晋商 / 035

07　从"开中制"到"折色制"——政策变化中的晋商 / 041

08　有麻雀的地方就有山西商人——走遍全国的晋商 / 047

09　第一桶金由何而来——晋商早期发家史 / 053

10　两代晋商不一样——明清晋商的差异与联系 / 061

11　现代银行乡下祖父的祖父——票号业前的晋商金融业 / 067

12　到平遥，别忘了日升昌——晋商票号的兴起 / 073

13　如何汇通天下——票号的业务 / 079

14　制度决定成败——晋商票号的股份制 / 087

游山西　话晋商

15	无规矩不成方圆——晋商的内部管理制度 / 095	
16	得三晋英才而经商——晋商的用人与激励机制 / 101	
17	道德、制度与约束——晋商的内部约束机制 / 109	
18	民间皇城中的王家——历史最长的晋商家族 / 115	
19	关公是个符号——晋商的企业文化 / 121	
20	慈禧住进大德通——晋商与官本位 / 129	
21	九米斗室中的"阶级斗争"——日升昌票号的"雷毛之争" / 137	
22	危机与机遇——社会动荡中的晋商票号 / 143	
23	风雨飘摇中的挣扎——票号业的苦难经历 / 149	
24	日升日又落——日升昌的衰亡 / 155	
25	没有抓住最后一根稻草——票号组建银行的失败 / 163	
26	弱国无强商——晋商茶叶贸易中的挫折 / 171	
27	坎坷的工业救国之路——晋商与近代工业 / 177	
28	晋商起源的一个传说——平阳亢氏的起家 / 183	
29	官商一体成巨富——明代蒲州张王两家 / 189	
30	靠官还要靠自己——明代蒲州商人范世逵 / 195	
31	小荷才露尖尖角——明代的晋商 / 201	

目 录

32　成也官，败也官——清代皇商范家 / 207

33　清代的"福布斯"排行榜——清代晋商的富商巨贾 / 215

34　山西的天空群星灿烂——晋商中的掌柜们 / 223

35　此孔非彼孔——孔祥熙并非晋商后人 / 229

36　山西人不"抠门"——晋商的大气 / 237

37　遍及各地的会馆——晋商的群体精神 / 243

38　山西人不浪漫——晋商的家庭 / 251

39　创造财富的那一半——晋商中的女性 / 257

40　常家的戏楼——晋商的慈善事业 / 263

41　经济搭台，文化唱戏——晋商与文化 / 269

42　太谷灯下的悲剧——晋商后人的堕落 / 275

43　辉煌中的阴影——晋商的另一面 / 281

44　晋商与传统文化——最后的思考 / 287

主要参考书目 / 293

后　记 / 295

再版后记 / 299

导言

回望晋商的文化之旅

近代思想家梁启超是第一个
称赞晋商的学者。

游山西　话晋商

在市场经济的大潮中，人们追寻着先辈的辉煌，几乎要被历史湮没的晋商进入我们的视野。在日益升温的旅游热中，山西占全国明清时期75%以上的地面文物成为人们关注的热点。电影《大红灯笼高高挂》让人们知道了恢宏的晋商大院，电视剧《乔家大院》又使晋商空前火爆。这一切让人们把眼光投向了一向被认为保守和落后的山西。我们把旅游与回望晋商结合起来，进行一次山西晋商的文化之旅。

在历史上，晋商并不是孤立的现象。商帮是中国历史上特有的现象，是明清时期以地域为纽带的松散商业联盟。商帮形成于明代，衰亡于民国以后。在中国历史上，曾经出现过十大商帮。这包括开始于晋南，最后在晋中达到高峰的晋商；以徽州六县（歙县、黟县、休宁、绩溪、祁门、婺源）为中心的徽商；以浙江宁波为中心的宁波商；以浙江龙游县为中心的龙游商；以厦门、泉州为中心的闽商；以广州、佛山为中心的粤商；以山东临清为中心的鲁商；以陕西泾阳县为中心的陕商；以江苏吴县（今苏州市吴中区）东山、西山两镇为中心的洞庭商；以及江西的江右商。

在这十大商帮中，以晋商为首。近代思想家梁启超先生说："鄙人在海外十余年，对于外人批评吾国商业能力，常无辞以对。独至此，有历史、有基础、能继续发达的山西商业，鄙人常自夸于世界人之前。"

为什么在十大商帮中唯有晋商能让梁启超先生"自夸于世界人之前"？为什么晋商是当之无愧的中国第一商帮？

排名次还是要讲资格、讲历史的，十大商帮中晋商起源最早。中国最早的贸易物品是盐,中国最早的商人正是在山西南部解州(今运城)盐池从事自然结晶盐贸易的山西人。早在春秋时期,山西就有发达的商业。在明初,晋商作为一个商帮已经形成,其他商帮则要晚一些。明清两代晋商辉煌五百年,在各商帮中,衰亡也是最晚的。

再看经营的范围与地域。在晋商的历史中,经营范围涉及所有物品,从大宗的盐、粮、丝绸、铁器,到小的日用杂货,无所不包;尤其是清代中期之后进入票号业,开创了中国商业史上的新篇章。晋商走遍全国各地,甚至国外。"有麻雀的地方就有山西人",这话一点儿也不夸张。晋商实现了"货通天下、汇通天下",真正实现了大流通。

当然,这些还是次要的,看一个商帮,最重要的是看它所创造的财富。国家的排名,要看GDP;商帮的排名,当然要看财富。财富是衡量经商成功的客观标准。晋商有多少钱?清人徐珂在《清稗类钞》中有一个排行榜,列出光绪时资产在白银七八百万两到三十万两的山西富户十四家(虽然亢家以数千万两白银排在首位,但因缺乏具体数字我们先不将其列入)。仅这些富户加起来的财产就有三千余万两银子。

三千余万两是什么概念?据历史学家茅海建先生在《苦命天子》一书中估算,大清帝国"每年的财政收入是固定的,约银四千万两"。换句话说,山西这十四家(还不包括最富的亢家)的财富相当于大清帝国一年的财政收入。

但现代学者对徐珂的这种估算普遍持怀疑态度。他们认为,像我们今天熟知的曹家、乔家、侯家、常家的财富应该在一千万两白银以上。那些所谓三四十万两者,至少达百万两。在当时的山西,尤其是票号中心祁县、太谷、平遥(简称"祁太平")一带,百万两只能算起步。有几十万两银子恐怕只能在中产这个阶层中。说他们富可敌国，一点儿都不算夸张。

清代光绪时期一两银子现在值多少钱？有人估算是300元，有人估算是200元。就按低的算，那时晋商的财富是多少人民币，每个人自己都可以估算出来。再折合成美元是多少，也并不难。如果19世纪就有"福布斯排行榜"，恐怕晋商在世界上也居首位。那时的洛克菲勒、摩根、杜邦、福特等，恐怕还不是几个山西"土佬"的对手，他们是在19世纪末20世纪初才大富起来的。

统计数字毕竟是数字，但你今天到山西可以确确实实地感受到当时山西人的富。没有钱能盖出那么恢弘又精美的大院吗？建筑是钱的艺术，是用钱堆起来的。晋商轻轻松松地就盖起了这样的大院，你就可以想象出他们的富有了。

20世纪20年代初，宋霭龄来到孔祥熙家，曾为太谷的富裕而惊叹。其实那时晋商已经衰落了，何况当时孔家还算不上富商大贾。新中国成立后的50年代初，我在太谷上小学，无知的孩子不知道晋商，但到我那些同学家里，感到那是我从未见过的家。尽管那时晋商早已衰亡了，但那种富有还是给我幼小的心灵以强烈的冲击，至今不能忘怀。山西人的富有体现在每一个细节上。那院落的大气、园林的精致、屋中的明清家具、墙上发黄的名人字画，无一不显示出主人过去的富有。这样的人家在当时的太谷城里不是顶尖的百分之几，而是百分之几十。

这些财富不是来自强取豪夺，不是来自土匪式的抢掠，不是以千百万人的灾难为代价的。这些财富来自几代、十几代人辛勤的经商活动，每一两银子都饱含山西人辛勤的汗水。晋商在获得财富的同时，也带动了当地和全国的经济发展，带动了更多人的富裕。当年京城的富庶，张家口、包头、辽东这些落后地区的发展，都有晋商的贡献。甚至,江南地区繁荣的工商业也靠晋商的支撑。

晋商不仅仅是富。与其他商帮相比,晋商的独特之处是在当时的条件下形成了一套行之有效的制度。晋商的股份制与世界上最早的股份制不相上下,晋商内部那一套严格的制度化管理和运营,绝不比当时那些最先进的企业落后。晋商的身股制至今仍为许多企业所采用。晋商的所有权与经营权分离,至今仍有许多企业做不到。晋商不仅是商业的顶峰、财富的顶峰,也是制度创新的顶峰。他们没有什么理论作为指导,但在实践中摸索出的一套制度仍为当代学者们所津津乐道。理论来自实践,晋商正是在漫长的经商过程中寻找到了今天上升为理论的东西。

今天更让我们后人敬仰的是晋商的商业伦理道德。"君子爱财,取之有道。"晋商正是这样的君子。早在明代他们就有了"以义制利"的传统。淳朴的山西人是靠他们的勤奋和才智来经商的,他们不玩那种坑蒙拐骗的小伎俩。他们把诚信作为经商的最高准则,在没有任何法律和社会舆论的监督下自觉地去实践。他们的这种商业道德体现在每一个方面,融入商业行为的每一个细节中。他们的成就证明了"小富靠智,大富靠德"。"成大商者,必有大德",晋商就是这样的大商。

致富的山西人并不是巴尔扎克笔下一毛不拔的葛朗台。他们有社会责任感,为国分忧,为民解困。为富不仁绝不是他们的所为。他们捐钱、运粮支持清王朝统一中国的事业,真正体现了"经商不忘爱国"的传统。他们关心民间疾苦,修路、修桥、办学、济贫,哪里有危难,晋商就在哪里伸出援助之手。他们的眼界和胸怀,让今天富起来的人汗颜。

晋商中出现了一大批商人和职业经理人,他们是在山西上空闪耀的群星。他们的道德、经商才华达到了中国近代历史上一个新的高峰。当我们站在21世纪的平台上回顾这个群体时，仍然觉得其高大、辉煌。

当然，成长于封建社会中的商人毕竟不同于当代企业家，他们无法克服时代的局限性。在新时代到来时，他们衰亡了。我们不能以今天的标准，要求他们与时俱进，再伟大的人也摆脱不了时代的限制。"江山代有才人出"，我们也不必为他们的衰亡而悲伤。新时代的企业家将超过晋商的高度，再创山西乃至中国的辉煌。

我们都听说过晋商，在影视作品或小说中看到过晋商。但晋商的真实面貌是什么呢？这本书就是要带你边游山西，边了解晋商。读了这本书，你会真正体会到山西之美，也能体会到晋商的伟大，还会知道晋商给我们留下了什么。

晋商之旅开始了，我们先从晋商的起点——运城附近的那个盐池开始。

01

那一片浩瀚的盐池

晋商的起点

晋商的出现是由于山西拥有自己独有而别人离不开的盐，而盐池则成为晋商和中国商业的原始起点。

了解晋商要从运城那一片浩瀚的盐池开始，那里是晋商的起点。

为什么晋商从这里起步？

人类历史上最早的不同地域之间的贸易不是产生于分工或比较优势，而是基于生存需求的互通有无。在那时的自然经济中，交易是为求生存服务的，所交易的是生存必不可缺的物品。一个地方要产生商人，唯一的条件是这里出产人们生存必不可缺而其他地方又不出产的东西。对晋商兴起具有不可替代作用的这种东西就是被古罗马诗人荷马称为"神赐之物"的盐。

山西南部的运城，古名潞村，濒临河东盐池。河东盐池又名解（音读hài）池，出产无须加工即可食用的自然结晶盐。北魏郦道元在《水经注》中记载："今池水东西七十里，南北十七里。紫色澄渟，浑而不流。水出食盐，自然印成。朝取夕复，终无减损。"这种盐被称为河东盐或潞盐，哺育了中华文明，至今仍然支撑着一个大型盐化工业国企——南风集团。

人类是如何发现并开始食用盐的，已无法考证。最早应该是人类始祖出于生理需要而发现并食用自然存在、无须加工的盐。据历史学家考证，至少在六千年前，盐池附近的人就知道收集并食用盐池中的自然结晶盐。从湖边发现的人类遗骨似乎可以把人类食用盐的历史追溯到更早。

传说中黄帝与炎帝之间的战争，以及发生在这一地区连绵不断的大小战争，实际都是为了争夺对这个盐池的控制权。在政治家看来，

01 那一片浩瀚的盐池

浩瀚的盐池是晋商的起点。

战争是政治的继续。在经济学家看来,一切战争的根源都在于经济利益。在远古时期,控制盐的利益丝毫不亚于今天控制石油的利益。

黄帝、炎帝之说是无法"证实"或"证伪"的传说,但古代汉民族的发展一直和盐有着密切的关系。传说中的尧都平阳(今临汾市)、舜都蒲坂(今永济市)、禹都安邑(今夏县),都在盐池附近。这个盐池哺育了夏、商、周三代的中原文明也是不容置疑的。夏朝已有关于盐生产和贸易的记载。商代的《尚书》中有"若作和羹,尔惟盐梅"的记载。周朝时,咸已被作为"五味"之一。《周礼》中还有"以咸养脉"的治病记载。中国制盐的历史也有四千年以上。古籍中有"宿沙作煮盐"的记载。宿沙是炎帝(一说神农氏)时的诸侯之一。

最早把盐拿到其他地方去卖的应该是山西人。日本学者宫崎市定在《历史和盐》中考证出,商贾的"贾"字出自"鹽"(简化字是

"卤")。《说文解字》中指出,"盐,卤也。天生曰卤,人生曰盐"。《说文解字·盐部》中明确指出:"鹽,河东盐池也。"河东即今运城市。卤就是指盐池中自然结晶状态的天然盐。他由此推断出,中国的商业起源于盐。盐带动了商业的发展,《易传·系辞》中记载远古时山西南部"日中为市,致天下之民,聚天下之货,交易而退,各得其所"。最早的中国商人应该是从事盐业贸易的山西人。这个结论已得到学术界的公认。

有学者把晋商的产生归因于人多地少的矛盾、表里山河的地理位置,或者勤劳诚信的文化传统。应该说,这些因素对晋商的发展起到过重要的作用,但绝不是晋商产生的关键因素。与山西有类似条件的地方并不少,为什么中国最早的商人不出现在其他地方,而独出现于山西?晋商的出现主要是由于山西拥有这种自己独有而别人离不开的盐。在远古,自然资源是产生贸易的唯一条件。盐池边有"池神庙"。池神庙始建于唐大历年间,早已不存。现存的池神庙是明嘉靖十四年(1535年)重建的。清顺治、雍正时均有修补。我想这应该也是中国的"商神庙"。这里是晋商和中国商业的原始起点。

春秋时期,运城这一带属于晋国。晋文公重耳利用这个自然优势,以商强国。晋国推行鼓励商业的"轻关、易运、通商、宽税"的政策。自然条件和政策鼓励使晋国出现了历史上第一批富裕的晋商。《国语》中记载,绛邑(今运城市绛县)富商"其财足以金玉其车,文错其服""能行诸侯之贿"。用今天的话说就是,这些商人已经富到可以开着"奔驰"之类的名车,穿着"阿玛尼"这样的精美服装在王侯之间行贿、游说了。可见,他们已经有了巨大的财富和上等的社会地位了。商业的发展带动了整个经济。晋国迅速强大起来,成为春秋五霸之一,称霸时间长达一百六十年,是五霸中最长的。晋国也是最

01 那一片浩瀚的盐池

池神庙也应该是中国的"商神庙"。

早进入封建制的地区之一。

  第一代晋商的财富也许不如以后的晋商,但他们的影响不可忽视。《史记》记载,晋流亡公子计然经商成功,并把经商经验上升为理论,总结出了一套被称为"积著之理"的成功经商之道。助越王勾践伐吴成功后远走江湖的范蠡正是受计然的启发弃官从商致富,人称"陶朱公"。芮城县人段干木为马市交易经纪人,被称为"晋之大驵",魏文侯尊以为师。猗顿向范氏请教致富之道,范氏告诉他养牲畜和贩盐。猗顿来到今天的山西省临猗县,从事畜牧业和盐业,成为巨富。《史记》中有"猗顿用卤盐起"的记载。据说,猗顿还与一位名叫郭纵的铁匠一起,发明了用铁锅(又称"牢盆")煮盐水制盐的方法。这种方法在历史上曾使用了很长时间。今天临猗县建立了猗顿的雕像,以纪念这位晋商的远祖。

西汉时期，汉武帝接受桑弘羊的建议实行盐铁专卖，由政府控制盐的生产、运输、批发与零售。盐商的活动受到严格限制。但官营盐商效率低下，官员腐败无能，满足不了社会需要，私盐走私严重，也使财政收入流失。北宋雍熙三年（986年）开始实行"折中制"。在这种制度下，商人把粮食运到边疆（称为"入中"），由政府给予"盐引"（称为"折中"），然后凭盐引到指定盐场领盐，再到指定的地区销售。这就放开了盐的运输和销售（并未放开生产）。庆历八年（1048年），太常博士范祥制定《钞盐法》，规定商人可以用钱买盐引。四贯八百钱买一份盐引，可到盐池领盐两百斤。

这种制度变化为山西商人参与并扩大盐业贸易创造了条件。宋元两代都实行了这种盐引制，这就形成了最早的晋商——河东盐商。"折中制"是政府在盐业运输和销售中的"国退民进"，也是晋商形成的历史机遇。当然，晋商真正成为一个商帮还是在明代之后。这一点我们以后在"来自北方的商机——'开中制'与晋商"中详细介绍。

今天的运城也是随着盐业贸易而发展起来的。古代因盐池之利而修筑城堡的历史很早。春秋时晋国的郤锜食采于苦城。"苦"读"卤"，即河东盐。苦城就是盐池附近地区。战国时，这里被称为盐氏，以封地于此的盐氏为城名。秦始皇置河东郡。汉代设管理盐业的司盐都尉于潞村，所以，这里又名司盐城。唐大历年间（776—779年），曾设治于潞村。不过以上的城堡规模都不大，以后都荒废了。

元顺帝至正十六年（1356年）河东盐运使那海俊德在潞城营建城池，因形似凤凰，取名"凤凰城"。后来由于是盐运司所在地，改名为运司城，又名运城，沿用至今。

山西的南部，包括今天的运城市、临汾市，地处黄河三角洲，土地肥沃，气候温暖，又有丰富的煤铁资源，盛产小麦、棉花、蚕丝等

01　那一片浩瀚的盐池

今天的运城也许相对落后了,但当年的确繁荣过。

农产品。这些与盐一起使这里成为古代山西经济繁荣、商业发达的地区。清朝诗人郭书俊有诗云:"居人艳说凤凰城,百货纷纭闹市声。向晚葡萄有酒熟,醉乡有梦不分明。"成书于乾隆年间的《解州安邑县运城志》中记载:"顾商贾聚处,百货骈集,珍瑰罗列,几乎无物不有。""富商大贾,游客山人,骈肩接踵。"这里的人过去"穷人无所归,皆食力于农,今大半为商所夺,而农事不问"。

晋商产生于山西南部,然后向北发展,最后在中部形成鼎盛。晋南这一代在春秋时为晋国。三国分晋后战国开始,归于魏国。这里有丰富的文物,也是关公故里。晋商之旅的起点应该是运城。

02

湮没在历史中的晋商

早期晋商发展史

山西人的经商活动从春秋时期起,
到明代形成晋商时已有近两千年的历史。
在漫长的经商过程中,
经商者的足迹早已湮没在历史的长河中。

称雄商界五百年的晋商是指明清两代的晋商。明清两代的确是晋商最辉煌的时代，但这种辉煌是历史的积淀。当我们沉醉于晋商的辉煌时，不应该忘记这个漫长的积淀过程。正如我们赞叹罗马城的雄伟时，千万别忘了，"罗马城不是一天建成的"。

山西人有文字记载的经商活动从春秋时期起，到明代形成晋商时已经有近两千年的历史。这个漫长的经商过程，远远没有以后那么显赫，经商者也没有以后那么富有，他们许多人没有在历史上留下至今仍为人们所称道的业绩，其足迹早已湮没在历史的长河中。但他们是先行者，没有他们艰辛的创业、失败、再创业，就没有以后的晋商。只有知道这一段历史，才能知道辉煌的晋商是如何炼成的。现在我们就来轻轻翻开那一段已经尘封的晋商前奏史。

在春秋那一段历史中，我们的重点是盐及运城这一带的晋国。但那时的贸易并不仅限于这个地区。战国时魏文侯的老师段干木，原来是"晋之大驵"，即交易经纪人（当时就已有经纪人出现，可见商业活动之发达）。山西北部的人还重视与戎狄族进行贸易，其基地是晋阳（今太原）。1963年，在山西阳高县发现的战国时期的货币"晋阳币"证明了这种贸易的存在，阳高当时为戎狄人居住之地。

西汉初年，文景两帝奉行"黄老之道"，实行无为而治，经济得以恢复和发展。"文景之治"迎来了中国历史上第一个盛世，强大的国力使汉武帝决定攻打对北部边疆威胁最大的匈奴。那时，山西人经常与长城脚下的匈奴人进行贸易，聂壹就是从事这种贸易的大商人。聂壹是山西马邑（今朔州）人，接受汉武帝的指派，在经商的同时收集情报。聂壹还帮助汉军设计诱敌深入。当时，汉大将军王恢统兵三十万埋伏在马邑左右的山谷之中。聂壹把两个死囚的人头悬挂在城门上，告诉匈奴间谍，他已把马邑的首长杀死，请匈奴人乘虚进攻。匈奴单于信以为真，亲自率领十万骑兵，从武州塞（今左云县）入境，直指马邑。在距马邑还不到一百公里时，只见牛羊遍野，不见牧人，感到有异。于是攻陷附近的一个塞亭（瞭望台），俘虏了一位雁门郡（右玉县）的官员。这个官员为了保命，泄露了全部机密，单于急令撤军。尽管聂壹的计划没有成功，但经商未敢忘国成为以后晋商的传统之一。我们可以从范氏为清政府军队运粮，其他晋商赈灾、捐助等活动中看到这种传统的延续。

丝绸之路开辟以后，山西商人也加入了与西域商人贸易的行列。清末在山西灵石县发掘出了16枚古罗马铜币，从币面看为罗马梯拜流斯皇帝至安敦尼皇帝时代所铸，与我们汉代属同一时期。专家还推测，今天灵石县的贾胡堡村就是当年西域商人的聚集居住之地。《后汉书》中有"西域贾胡到一处辄止"的记载。汉代的山西商人还把触角伸到东北地区。《后汉书》中就有太原人王烈在辽东经商的记载。三国时，"鲜卑酋长曾至魏贡献，并求通市，曹操表之为王。鲜卑之人尝诣并州互市"。

后来的史书中也有只言片语关于当时山西人经商的记载。《魏书》记载，山西繁峙人莫含"家世货殖，资累百万"。《晋书》记载，后赵建立者石勒曾在14岁时"随邑人行贩洛阳"。《北史》记载，北朝时期"河东俗多商贾，罕事家桑"。

隋唐时，山西文水人武士彟是一个大木材商。《太平广记》中记载，他早年"与邑人许文宝以鬻材为事，常聚材木数万茎，一旦化为

游山西　话晋商

中国历史上唯一一位女皇武则天是靠经商成功的父亲才进入唐朝宫廷的。

丛林森茂，因至大富"。富到什么程度呢？李渊父子太原起兵，得到武士彟财政上的有力支持，以后武官至礼部尚书，封应国公。他就是中国历史上唯一的女皇帝武则天的父亲。武则天是靠经商成功的父亲进入唐朝宫廷的，这是她成为女皇关键的一步。此外，还有山西闻喜人裴伷先在边境贸易中"货殖五年，致资财数千万"。唐代时，山西从南向北的许多地方，包括潞州、泽州、汾州、并州、绛州、忻州、代州、朔州、云州等已出现许多一定规模的商业集镇，并向全国，甚至高丽、新罗等国辐射。五代后周时，太原高人李彦矅曾任太祖的榷易使，掌管了后周的财税大权。在当时的商业活动中，"并、冶、幽、蓟之人尤多"。

宋代是中国历史上经济、科学、文化最发达的时代，也是中国商业发展的一个新时期。一幅《清明上河图》尽现当年首都汴京（今开封）的繁华与商业发达的状况。山西商人在这个时代也大显身手。折中制的实施使山西商人获得发挥盐业资源的优势。《金史》就有"解、绛民多贩盐"的记载。成功者也不少，例如，山西解州人娄应正是因贩盐而富，"计家财过一县之"，就是一家的钱比一个县的钱还多。

《宋史》中记载了并州阳曲人张永德经商致富,"家世饶财……永德在太原,尝令亲吏贩茶规利,阑出徼外市羊"。这位张永德还深谙官商勾结之道。宋太祖娶孝明皇后时,他"出缯钱、金帛数千以助之"。"投资"当然有回报,"尽太祖朝而恩渥不替"。封建社会中,皇帝和官员控制着资源,因此,只有与权力结合才能把商业做大。后来晋商中的官商结合传统正是由张永德那里延续下来的。

元代时山西商人也相当活跃。《马可波罗游记》中记载:"这里的商业相当发达。""这一带的商人遍及全国各地,获得巨额的利润。"马可波罗还注意到,在晋陕豫黄河三角洲地区,"有大批的商人从事广泛的贸易活动"。虽然学者们对马可波罗是否来过中国至今尚有争论,但无论这本书是自己亲身游历写成,还是听别人的所见所闻写成,对山西商业活跃的记载还是可信的。

山西有独一无二的盐池,有铁与丝绸等物产,邻近河南、山东等产粮大省,又地接塞外,当地人自古就与少数民族杂居。这些优势使得山西在明清之前就有较为发达的商业。这些无疑是明清后晋商形成的物质基础。

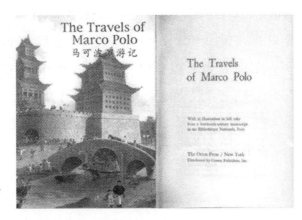

《马可波罗游记》中记载了山西发达的商业。

但比这种物质条件更重要的是长期经商过程中意识形态的变化。中国传统的儒家文化是重文轻商、重本（农业）抑末（商业）、重义轻利的。但一代又一代经商成功者的榜样逐渐改变了山西人的观念，他们把"学而优则仕"改变为"学而优则商"，甘心当一名纯粹的商人。这是对中国传统文化的突破，也是晋商在十大商帮中最成功的思想基础。

电视剧《乔家大院》中有一个情节是，在太原贡院前山西总督哈芬讥笑山西人重商轻儒，山西的民风都被山西商人败坏了。乔致庸当着这位总督和主持考试的学政胡沅浦大义凛然地述说了士农工商皆为天下所需，商人货通天下，又为国纳税。这个情节也许是艺术创造，但的确是当时山西商人对商业的新认识。

艺术的真实来自生活的真实。雍正三年（1724年），山西巡抚刘于义奏称："山右积习，重利之念，甚于重名。子弟俊秀者，多入贸易一途，其次宁为胥吏，至中材以下，方使之读书应试。"雍正皇帝朱批："山右大约商贾居首，其次者犹肯力农，再次者谋入营伍，最下者方令读书。"山西民谣"有儿开商店，强如坐知县""买卖兴隆把钱赚，给个县官也不换"等同样反映了山西人历史上逐渐形成的重商传统。

这种重商的传统把一代又一代最优秀的山西人吸引到商业中来。他们把自己的聪明才智完全用于经商，这才创造出了晋商的辉煌。

长期的经商传统也使山西人挖到了作为原始资本的"第一桶金"，同时出现了一批经商高手。在这些条件具备之后，晋商就呼之欲出了。如果把晋商比作一架飞机，那么明代之前，它是在跑道上滑行；明初实行"开中制"之后，这架飞机就加油起飞了。

03

黄河边上的铁牛

冶铁业与晋商的兴起

尽管铁一直没成为晋商的主业,
但冶铁业是晋商起飞的助推器。
黄河铁牛提醒了我们冶铁业在晋商中的地位。

离开运城盐池，我们可以到离这里不远的永济市。

永济是尧舜建都的蒲坂，后称蒲州。它西临黄河，通过蒲津渡口和蒲津桥与长安相通，是山西物品外运与入晋物品的重要水陆口岸。这里又盛产棉花、纸张、笔、柿子、梨、竹笋、丝绸、酒等物品。其中桑洛酒在宋代被称为国酒。因此，这里早就是商业城市。《马可波罗游记》中称这里是非常大的都会，而且是非常重要的工商业城市。明代晋商的中心就在这里。永济先后出现了王现、王瑶、张允龄、张四敬、韩玻、沈邦良、薛英贤、展玉泉、王思、范世逵、王海峰等大商人。永济的东岳庙有明代的一组泥塑佳作。永济的普救寺还是《西厢记》中张生与崔莺莺碰撞爱情火花之地。不过我们更应该去看的是永济西15公里处黄河边上唐开元年间铸造的黄河大铁牛。从大铁牛中我们可以看出这一带发达的冶铁业。

古代的蒲津渡位于蒲坂与朝邑（今陕西省大荔县）的黄河两岸间，它是集渡、关、桥为一处的秦晋要隘，是当时晋地通向长安的必经之路。

唐开元十三年（724年），唐玄宗下令，由兵部尚书张说主持重建蒲津浮桥。铁牛就是这座浮桥的桥锚之一。整个桥锚包括两岸的铁牛、铁人各四尊，铁山各一座。它们连成一体，作为浮桥的固地铁锚。两边用36根铁柱连接牛腹，并用铁索相连，上铺木板成为连接黄河两岸秦晋大地的浮桥。今天我们看到的黄河北岸坐东向西的铁牛、铁人是在1989年8月发掘出土的。正西方360米处黄河对岸也应该有相

03 黄河边上的铁牛

黄河铁牛代表了山西当年的冶铁水平。

对应的铁牛、铁人,但还没有被发掘出来。

在一千多年以后,当我们观看这些铁牛、铁人时,仍然为之震惊。这四尊铁牛横向面河而卧,每座高1.5米,长3.3米,体阔腰圆,两眼圆睁,两角昂然向上,最大者75吨,最小者30吨。牛尾后均有横铁轴一根,长2.33米,用于拴连桥索。牛侧各有一铁人作牵引状。这四个铁人分别代表汉、维、蒙、藏四个民族。这些铁牛、铁人出土时仍然乌黑发亮,没有一丝锈痕。

面对铁牛,冶金专家会为我们在唐代所达到的冶金水平而骄傲;艺术家会为它的造型巧妙而惊叹;文学家会联想到当年张生正是由河南经过这座浮桥而来到离这里不远的西厢,与崔莺莺产生了那一段浪漫的爱情故事。作为晋商之旅,我们关心的当然是铁牛所代表的山西冶铁业及其与晋商兴起之间的关系。

据估算，已出土的铁牛、铁人、铁柱、铁山等的用铁量占到当时全国一年生铁产量的四分之一。铁当然是在当地冶炼的，由此可以推断出这一带冶铁业的悠久历史和发达状况及其当时在国内冶铁业中的地位。据介绍，当年并没有现在的大型炼铁炉，铸造铁牛等的方法是在周围建起几百个甚至更多个小炼铁炉（经历过1958年全民大炼钢铁的人能想象出当年的情景），连续不断地冶炼、浇铸。铁也是自然经济时代的生活必需品和主要贸易物品之一。冶铁业在晋商的兴起中起到了重要作用。

山西铁矿丰富，"产铁之地十有八九，其不产地十之一二"。虽然书上的这些记载难免有文人的夸张，但山西铁矿储量的确不少，而且都是含铁量达40%—50%的富矿。山西的大量煤矿资源是在19世纪后期以后才被发现的，但山西南部早就有煤矿的开采与利用。有铁矿、有煤矿就会发展起冶铁业。

中国是在春秋末期开始生产和使用铁器的。山西是中国最早生产并使用铁器的地方之一，这一带有考古发现的铁器。西汉才女卓文君的先人卓氏就是在赵冶铁而富，后被秦始皇流放到蜀地的。

在汉武帝之后相当长的一段历史时期内，铁和盐一样实行专卖制度，限于官采官办。铁与铁器由政府控制生产和销售。东汉元和年间（84—87年），在山西岁采铁207万斤。向民间开放冶铁业比盐要早。后唐长兴二年（931年），在官办采铁的基础上，"并许百姓随便铸造"农器烧器。后晋天福六年（941年），又重申这一政令，"今后许百姓自行铸造"。从此，山西冶铁进入官办与民办并举的时代。这就促进了晋商的发展，山西商人在盐之外又开始了铁的生产与贸易。

山西的官办冶铁在历朝历代都占有重要地位，北宋至道二年（996年），铁在河东，立炉于西京（今洛阳）州县，拨冶户760

煽。至道三年（997年），又立炉于交城县，拨冶户1 000煽。到元代至大元年（1308年），在河东建提举司掌管冶铁之事，管8个冶铁的地方。到明代洪武六年（1373年），全国置冶铁所13处，山西有吉州两处，太原、泽州、潞州各一处，共5所，占全国冶铁量的38%。明代山西产铁的州县达19个，遍及山西的南北。

山西的民营冶铁业也相当发达，分布在32个州县。其中，以泽州的阳城、潞州的长治为最。这一带生产的铁被称为泽潞铁，算得上是当时的名牌产品。泽州以生产生铁为主，主要用于铸造，既包括官用的炮、钟，也包括民用的锅、壶、盆、铧等。潞州以生产熟铁为主，主要用于打造刀、剪、锄、钉等。尤其是潞铁打造的钉，为南方造船所必需。

泽潞的冶铁技术在明代有了很大的进步，在众多个体冶炼的基础上，出现了以分工为基础的规模较大的手工工场，铁的数量增加了，质量提高了。清人唐甄在《潜书》中记载："潞之西山之中，有苗氏者，富于冶铁，业之数世矣，多致四方之贾。椎、凿、鼓、泻、担、挽，所籍而食之者，常百人。"这样经常用百人之上且分工明确的冶铁场当时并不少。

山西生产的铁主要还是军用。例如，明代景泰元年（1450年），潞州一次就生产阻敌入侵的铁蒺藜（铁制三角物）100万只。天顺五年（1461年），陕西总兵一次就让阳城运铁10万斤。这一时期，泽潞供应军需用铁每年不下五六十万斤。

由于冶铁业的发展，山西生产的铁在供给军用之后，仍可以大量用于民品。正是发达的冶铁业使山西商人可以从事铁的贸易。泽潞生产的农用和生活用铁器通过晋商运销天下。同治年间的《阳城县志》称这一带"外贩不绝"。铁货贩往京城、直隶、山东及辽东地区。潞安经营铁等器具的商人早就进入京城，并于明代在京城创建了潞安会馆。

明代中期之后，政府开放了与少数民族的边境贸易，建立了"茶马市"。内地购买马、皮毛等物品，而在卖给少数民族的物品中，铁器是最重要的物品之一。隆庆六年（1572年），潞州的铁锅已通过张家口的马市销往漠北蒙古族居住的地区。万历元年（1573年），销往辽东的有"孙和尚潞锅三垛""郭世明潞锅一垛""于守仁潞锅一大车"。明代之后，广东佛山等地的冶铁业有了相当大的发展，被一些学者作为中国出现资本主义萌芽的证据。但北方用铁仍以泽潞铁为主，各地炼钢也主要以山西铁为原料。明末女真人占领抚顺时，俘虏了许多汉族商人，其中有相当多是山西商人。

进入清代之后，泽潞铁仍然通过晋商之手行销天下。清统一中国之后，内地人纷纷前往垦荒种地，所需农具等铁器主要由泽潞铁供给。康熙末年，科布多、乌兰固木等处可耕之地甚多，但农具不够用。征西将军祁里德上疏："请部行文山西巡抚，速令制造，雇觅驼只，交其属员带往。"泽潞地区冶铁业发达，还表现在铁税课额的剩余银两骤增上。当时税课有定额，超过定额征收的银两称为"剩余银两"。道员德明在潞安府管理冶铁税课，任职一年多，剩余银两多达五万多两，反被诬为"若非朘削商民，何以得此多货"，结果被削职。冶铁业的发达反而害了这个道员。潞州长治的荫城，早已成为山西铁货的生产和集散地，税课多本来是正常的。据不完全统计，清乾隆、嘉庆年间，铁货交易额已达一千万两白银以上。

晋商的商业早期以盐为主，中期的多元化贸易中茶叶占有重要地位，后期则是票号业，铁一直没有成为主业。但不可否认，冶铁业是晋商起飞的助推器。黄河铁牛提醒了我们冶铁业在晋商中的地位。

04

西门庆送给妻妾的潞绸

丝绸业与晋商的兴起

在小说《金瓶梅》中,
西门庆送给妻妾的礼物中每次必有潞绸。
这种潞绸并非出自苏杭,
而是出自山西的潞、泽两州。

读过《金瓶梅》的人一定记得，西门庆送给妻妾的礼物中每次必有潞绸。"三言""二拍"和其他明代小说中也经常提到男人送给妻妾、情人潞绸，以及这些女人如何赞赏潞绸。这些小说无论写的是哪一个朝代的故事，所反映的都是明代的现实。这说明在明代，潞绸是送礼时拿得出手的高档面料，而且已行销全国了。

潞绸是哪里生产的？说到丝绸，我们通常会想到苏杭。其实这些小说中所说的潞绸并不出自苏杭，而是出自山西的潞、泽两州，故有此名。在历史上，山西不仅养蚕织丝，生产高档丝绸，而且养蚕和丝绸最早始于山西。作为山西的资源优势，丝绸和棉布、颜料这些相关行业也对晋商的兴起起了重要作用。

我国什么地方、什么时候、什么人最早开始养蚕织丝呢？在我国新石器时代的遗物中曾发现过半个蚕茧化石（对这半个蚕茧化石是否为新石器时代的物品，历史学界和考古界尚有争议，我们且用传统说法）。这半个蚕茧化石是在山西南部夏县西萌村发现的。在西萌村东二里的一片桑林中，有一块高台，当地人称之为"丘台"。据传说，"丘台"是教民育蚕织丝的先祖——黄帝之妃嫘祖的葬身之地。这半个蚕茧化石就是在这里发现的。据《搜神记》记载，是一位叫"蚕神"的姑娘把蚕带给人间的。但养蚕织丝并把技艺传给百姓的却是嫘祖。因此，人们就把嫘祖当作"蚕神""蚕祖"了。无论传说可信与否，那半个蚕茧化石都是山西人最早养蚕织丝的证明。夏县还是北宋著名政治家、史学家司马光的故乡。司马光墓及祖茔也值得一去。

04　西门庆送给妻妾的潞绸

在唐代之前,百姓主要是穿麻布,只有少数大富大贵之人才能穿丝绸。由此可以推知,山西当时的丝绸生产并不多,且以进贡和自用为主,难以成为主要贸易物品。丝绸对晋商萌芽时期的作用远不如盐和铁。

据历史记载,山西大量种桑养蚕始于唐代。唐武德七年(624年),令民在"永业之田,树以榆、桑、枣及利益之本"。明代立国初,号召天下广种桑、麻、棉花等经济作物,规定"凡民田五亩至十亩者,栽桑、麻、木棉各半亩,十亩以上者倍之",并且有惩罚条款,如果"不种桑出绢一匹,不种麻及木棉出麻布、棉布各一匹"。洪武二十七年(1394年),又令百姓"务要多栽桑、枣",并规定把栽种数目造册回奏,"违者,全家发云南金齿充军"。

有种桑养蚕,就有丝织业。到明代时,山西许多州县都种桑养蚕,并缫丝织绸,出产多种丝织品。明代学者顾炎武在《肇城志》中记载,太原、平阳、潞安、泽州生产帕。尽管山西出产丝绸的州县很多,但产量最多、织工精细、花色品种繁多者,要数潞、泽两州的潞绸。其时潞绸已闻名天下,这就是明代小说中屡屡提到潞绸的原因。

洪武末年(1398年),潞州六县种桑8万余株,弘治时期达9万余株。与此相应,这里有发达的养蚕和丝织业。潞、泽两州,织机最多时达1.3万余张,成为与苏、杭并列的三大丝绸产业区。潞、泽两州所产的丝绸有大小潞绸之分。大潞绸每匹长5丈,宽2尺5寸。小潞绸每匹长3丈,宽1尺7寸。潞绸分天青、石青、沙蓝、月白、酱色、油绿、真紫、黑色、红青、黄色、绿色、红色、秋色、艾子色等14种染色。潞绸织工精细,染色鲜艳,受世人欢迎,也为西门庆和其他富户的妻妾们所喜爱。徐光启在《农政全书》中就有"西北之机潞最工"的记载。

潞绸及山西各地丝织品的产量有多少，没有详细记载。但从明代官府年征农桑绢数量可见一斑。明洪武年间，年征农桑绢4 574匹，内本色3 674匹，折色920匹。嘉靖初年（1522年），年征丝50斤，绢4 777匹。潞绸在洪武年间兴起到万历以前的一百五六十年间一直保持发展的势头。从万历三年（1575年）起，官派潞绸逐年增加。万历三年征2 840匹，十年征4 730匹，十五年征2 400匹，十八年征5 000匹。由于官派增加和潞绸价格下降，万历以后潞绸衰落。直到清政府减少了官派并提高了价格，潞绸的生产才有所增加。北方边疆贸易以及新疆与俄国贸易的丝绸主要由山西供给。

丝绸业的发展促进了贸易，并出现了从事丝织业的专业富商巨贾。这种贸易包括产品销售和原料采购。山西商人在各省开店设号，出售丝绸和购进蚕丝。在明代，张家口就有"潞州绸铺"或"泽州帕铺"。《金瓶梅》的作者兰陵笑笑生生活在山东，"三言"的编著者冯梦龙生活在江苏苏州，"二拍"的作者凌濛初生活在浙江湖州，但他们都了解

《金瓶梅》中屡屡提到的潞绸就出自山西。有多少人在读这本小说时会想到晋商呢？

潞绸，可见潞绸在国内已有广泛的知名度。山西的丝绸产品甚至还出口到新加坡、日本、俄罗斯及其他地方。同时，山西本地蚕丝不够用，还远到川湖之地购买原料。"川丝"指四川保宁府阆中县生产的蚕丝，"湖丝"指浙江湖州府出产的蚕丝（胡雪岩就在这里从事蚕丝贸易）。以后也在山东、河南、河北等地采购。在这种丝绸的生产和销售中出现了富商，著名的蔚字五联号票号东家侯氏原来就从事丝绸贸易。

与丝绸相关的还有棉花与棉布。北宋年间，山西南部的河东就是一个"勤农织"的地区。当时"织"主要是指麻布，以后主要是棉布和丝绸。山西的棉花和棉布不如潞绸那样知名，但对晋商的兴起也起了积极作用。

棉花古称"木棉"或"吉贝"，原产自南番，北宋末年引入中国。最早在江南开始种植，元代移种于陕西、河南、山东、山西、河北等北方地区，到明代遍及江北与中州。山西种棉始于平阳府（今临汾），棉花的种植又推动了棉布生产。据记载，榆次生产的布耐用，颇受欢迎。榆次常家原来就在张家口开布铺。史料记载，太谷"无问城市乡村，无不纺织之家"，徐沟"在城在乡有人纺织"，孝义"男妇皆能纺织"。可见棉织业之普遍和发达。当时的棉布产量有多少？据不完全的资料，明代山西每年田粮折征棉布在50万匹以上，棉花15万斤。

棉花与棉布业也带动了商业，出现了长途贩运棉花和棉布的商人。平阳府的棉花大量北运，平遥最早成为棉花等商品的集散地。乾隆二十四年（1777年），平遥就有货栈旅店13家。还有商人走向外省，其中以翼城县和太平县的商人最为有名。太平县棉布商去了陕西三原县。翼城县棉布商去了京城和通州，分别建立了晋翼布商会馆。绛州棉布商赵忱在明代就贩运木棉数万斤到西宁销售。

丝绸、棉布离不开染色。与此相配套，山西的蓝靛种植和颜料业发展起来了。平阳府的临汾、襄陵、曲沃等县都种植蓝靛，用它制作的青色染料被称为靛青。曲沃县城关有17个商品交易市场，其中有一个就是"靛市"。当地所产蓝靛不够用，商人就远下江西赣州采购贩运。

　　山西临汾、襄陵和平遥以制造颜料著称，其中平遥最有名。平遥的颜料业开始于明朝，最盛时颜料商有数十家，生产的各色颜料畅销全国，占领了大半个市场。他们在京师、汉口、天津、通州、保定等地都有铺庄，销售自产的颜料，在京师还有颜料会馆。日升昌票号的前身西裕成是当时资金最雄厚、规模相当大的颜料业龙头老大。西裕成以制作铜绿颜料闻名，雇用的工人在千人以上。铜绿是把铜片装在木匣子里，用醋糟盖上，加热，使铜片酸化，两天后剥下铜片的铜绿加工而成。西裕成的铜绿工艺合理、色彩纯正，产品供不应求，在平遥、京师、天津、沈阳、四川等地都有铺面商号。资金雄厚和分号众多是它以后能最早进入票号业的重要原因。

　　丝绸、棉布、颜料在晋商经营的行业中都算不上大，但这些产品贸易程度高，实现了商品化生产。所以，它们对晋商兴起的作用也不可忽视。读《金瓶梅》这类小说时如果能联想到晋商，你会觉得读这些书更有趣。

05

并不遥远的驼铃声

晋商清代的驼帮

驼帮从事的对外贸易是晋商历史上光辉的一页。
当你在山西享受旅游的欢乐时,
别忘了奔波在沙漠上的晋商。

游山西　话晋商

20世纪80年代末，中俄关系解冻之后，一批俄罗斯商人来到中国。他们的购物清单上有一种商品是"川"字牌砖茶。但是，令他们失望的是，不仅市场上没有这种茶叶，而且许多人都不知道，并不产茶的山西还销售过至今令俄罗斯人和蒙古人难以忘怀的"川"字牌砖茶。

"川"字牌砖茶是山西祁县渠家的长裕川茶庄销售的。当年经营对俄国、蒙古茶叶贸易的有许多晋商商号，渠家是其中一家。比渠家茶叶贸易规模更大的是被称为"外贸世家"的榆次常家。这段历史离现在也就一百多年，但竟然已没人知道晋商还做过这样的贸易。人们真的是太健忘了。

当年中国出口国外的茶叶主要经由两条通道。一条是从广东的广州出发把茶叶运到欧洲，经这条路出口的主要是绿茶。另一条是晋商通过陆路把茶叶运到蒙古和俄国，经这条路出口的主要是砖茶。这条陆上之路在张家口之后主要由骆驼来运输。当时，晋商把十五只骆驼编为一队，十队为一房。数房相随，首尾难以相望。驼铃之声在茫茫沙漠上日夜不断，飘荡四野，数里可闻。所以，晋商中经营对外茶叶贸易的商人被称为"驼帮"。由"驼帮"所从事的对外贸易是晋商历史上光辉的一页，那驼铃声今天似乎仍可以听到。

"驼帮"的形成及晋商茶叶贸易之始是在清康熙、雍正年间。而且，山西人从事茶叶贸易并不是由于它生产茶叶，而是因为它与广大的茶叶消费市场（蒙古和俄国）相邻。换句话说，促使"驼帮"形成的是需求，而不是供给。

05 并不遥远的驼铃声

山西人与北部少数民族之间历来存在物物交易，只是由于民族纠纷一直处于断断续续的状态。明代中期开放边疆贸易，设立马市之后，这种贸易越做越大，主角是山西商人。从明代到清初，山西人就把陕西汉中和四川的茶叶运到这一带销售。以后的"驼帮"茶叶贸易正是这种贸易的延伸与扩大。

康熙二十八年（1689年），中俄两国签订《尼布楚条约》。其中第五条规定："嗣后往来行旅，如有路票，听其交易。"根据这个条款，双方持有护照的商人可以过界交易，且不缴纳进口税，只在各国境内出关时缴纳出口税。

这项促进贸易的政策符合双方的利益。从俄国来说，一方面需要来自中国的茶叶等物品，另一方面由于出口的大宗商品——毛皮在欧洲市场上遭到北美毛皮的激烈竞争而急需打开中国这个市场。从中国来说，在明代中期实行"折色制"以后，盐业的贸易向以扬州为中心的内地转移，晋商需要开拓北部市场。《尼布楚条约》的签订使双方的这种内在贸易需求变为实际的贸易行动。

《尼布楚条约》签订后双方贸易迅速扩大。在俄国一方，1697年沙皇发布命令，禁止西伯利亚各地督军阻挠商队赴华贸易，否则处以巨额罚金。第二年，又允许赴华俄商不必远道去莫斯科领取贸易证书。这些政策使俄国对华出口总值达24万卢布，超过俄国对整个中亚地区的贸易总额。据不完全统计，从1698年到1716年，俄国对华出口的毛皮总值增加了7倍多。晋商向俄国出口的茶叶、丝绸也有相应的增加。

1725年，中俄双方签订了《布连基条约》。1728年，又在此基础上签订了涉及两国全面关系的《恰克图条约》。该条约划定了中俄边境，并把恰克图这个中俄边境（现为俄蒙边境）上的小城作为两国贸易的商埠。这为两国贸易的继续扩大创造了有利的条件。

在俄国一方,政府允许私商参与贸易活动,其规模远远超过了官方商队。俄国境内出现了大批加工出口中国商品的工厂。在中国一方,原来晋商在库伦(今蒙古国乌兰巴托)就有贸易基地。他们利用这个时机,参与恰克图市场的创建,确立并保持了在这个市场上的垄断权,继而深入俄国设庄经商。"驼帮"就是由内地向恰克图运送货物的商队。中俄贸易之大,就连远在英国的马克思都注意到了。他写了《俄国的对华贸易》一文,称俄国人"独享内地陆路贸易"。马克思在《政治经济学批判》一书中还论述道:"恰克图一带的边境贸易,事实上而且根据条约都是物物交换;银子在其中不过是价值尺度。"

清政府对这种贸易采取了鼓励的政策。清政府实行信票制(又称"部票""龙票"或"票证"),凡行商贸易于大青山后、内蒙古西部一带及恰克图的商人,必须持有理藩部颁发的"信票",政府才提供保护。嘉庆时期,政府还放宽了限制,允许一些小本商人附搭在大铺票内(这被称为"朋票""朋友"),合法地到恰克图贸易。甚至还允许货物先行,留人候领信票。这就大大增加了去恰克图贸易的大小晋商的数量。晋商把大量砖茶、丝绸、棉布、药材、瓷器、工艺品等运往恰克图。

山西并不产茶,晋商从南方收购茶叶,或者自己买来茶叶进行加工。他们收购、生产、加工茶叶的主要地方是福建武夷山,湖南安化、临汀,湖北崇阳、蒲圻、通城等地。这些地方也是这条茶叶之路的起点。通常的做法是,这些地方的茶叶从福建崇安等地经湘江、长江水路运送到汉水和唐白河再到河南赊店,约1 500公里。然后改用马、骡等经山西境内运至河北张家口或归化(今呼和浩特),约1 400公里。张家口是当时重要的茶叶贸易基地。张家口再向前,主要有三条路线。第一条是经多伦诺尔通往蒙古及俄国各地;第二条是经库伦

05 并不遥远的驼铃声

茫茫沙漠上的驼帮送去了茶叶,带回了银子。其间的艰辛我们无论如何都想象不出来。

进入恰克图和俄国;第三条是从杀虎口(西口)到乌里雅苏台,再进入俄国。

这条漫漫商路全长5 150公里,其中从武夷山到恰克图为4 500公里。在张家口之后进入茫茫沙漠,全靠驼队运输。每只骆驼驮茶4箱,由张家口到库伦,每箱运费高达3两银子。其间的艰辛是今天的人难以想象的。

由驼帮运往俄国的茶叶迅速增加。仅嘉庆二十四年(1819年)运往恰克图的茶叶就高达67 000箱,约合500万磅。按当时恰克图的市场价格,上品茶每磅2卢布,中品茶每磅1卢布,下品茶每磅0.47卢布。如果都按中品茶计算,销售额高达500万—600万卢布,利润对半。俄国商人的利润也与此相当。恰克图每磅2卢布的茶叶在圣彼得堡可以卖到3卢布。据记载,1839年,俄国商人在恰克图以700万卢布买的茶叶

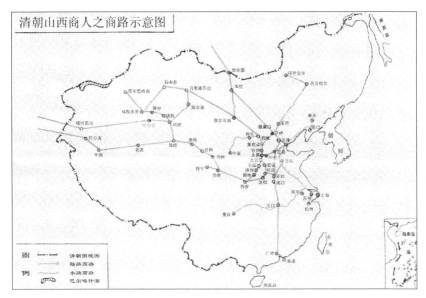

地图上的线画起来很简单,但一步一步去走却是另一回事。

在下哥德罗市场上卖了1 800万卢布。

中俄两国的贸易仅在恰克图的进出口总额就从1757年的113万卢布增加到1800年的623万卢布。出口全销往中国,进口全来自中国。当年恰克图的贸易占俄国进出口总额的40%—60%,占中国进出口总额的16%—19%。据专家估算,从清代至民国初,晋商运往俄国的茶叶达25万吨以上,价值100多万两黄金。在当年的中俄贸易中,中国是顺差。俄国政府当时禁止白银出口,俄国商人就把成色相当高的白银制成粗糙的工艺品补偿给晋商。晋商为了安全,就地把这些银器熔化后铸成重达千斤的银坨,用特制的车拉回山西的深宅大院。这种千斤重的银坨谁也搬不动,故称"没奈何"。这种"没奈何"运回山西之后再熔化,窖藏或铸成银锭、元宝在市面上流通。

05　并不遥远的驼铃声

中俄贸易使恰克图这个本不出名的边境小城成为繁荣的商业都市，晋商纷纷在这里建店铺、设商号。晋商在恰克图的商号最多时达140家，数量最多首推榆次常家。他们家从乾隆时期就从事茶叶贸易，子孙相承，前后150余年，在恰克图设有大德兴、大德诚、大玉川、巨盛川四家商号，贸易额占到市场的40%。其次是祁县渠家，他们从乾嘉年间开始从事茶叶贸易，"川"字牌砖茶就出自渠家。太谷曹家也曾在库伦、伊尔库茨克、恰克图和莫斯科设有经营茶叶及丝绸的锦泰亨商号。晋商在俄国经商的人数之多，无法统计，仅十月革命后就逃回3万余人。

驼帮的衰落其实还不到100年，我们的另一篇文章会介绍茶叶贸易中一段伤心的历史。那茫茫大漠上的驼铃声并不遥远，当你在山西享受旅游的欢乐时，别忘了奔波在沙漠上的晋商。

06

来自北方的商机

"开中制"与晋商

明初实行的"开中制"为晋商带来了发展机遇。此后,山西商人开始活跃于大同、宣府和北部边镇。

无论对一个人、一个商帮，还是一个国家，机遇都是重要的。晋商的机遇就是明初实行的"开中制"，地点是在大同。

今天的大同是繁荣而又被污染的煤都，但退回到两千多年前，这里是多事之地。大同原为北狄所居之地。战国时，赵武灵王胡服骑射，开拓疆土，设云中、雁门、代三郡，大同属云中郡。秦始皇统一六国后，在此设平城县，辽代改为大同。大同是各个民族交往、融合之地，也是中原汉族政权与北部少数民族纷争之地。汉高祖刘邦北征抗击匈奴时曾在此被围，史称"白登之围"。以后的数百年中，这里也充满了纷争与血腥。各民族的融合也会形成文化的融合。始建于辽代的华严寺，有宏伟的大雄宝殿，精美的塑像，尤其是辽代彩塑；始凿于北魏和平元年（460年）的云冈石窟是世界文化遗产；始建于唐开元年间的善化寺中存有明代的九龙壁，各有特色。大同并非大同世界。1368年，明朝建立之后，大同也是令朱元璋头痛的一个地方。

明朝的建立并不意味着天下太平。退居漠北的蒙元残部仍不时侵犯北部地区，成为朝廷的心腹之患。于是，明政府在东起鸭绿江西到嘉峪关的万里北部边防线上相继设立了辽东、宣府、蓟州、大同、山西、延绥、宁夏、固原、甘肃九个边防重镇，史称"九边"，相当于我们今天的九个军区。大同是蒙元残部入侵、骚扰最多的地区，在"九边"之中最为重要。朱元璋派开国元勋徐达为大同总兵，建成有"金城汤池"之美称的城垣。

"九边"的驻军达八十多万人，战马有三十多万匹，军需供应成为最严重的问题。朱元璋推行过"屯田制",但这一带天寒地冻,自然条件恶劣,未成功。后来又由各地政府拨粮饷,但路途遥远,运费超过粮食的价格本身,百姓苦不堪言,常有为此倾家荡产者。当时正值开国之初,稳定经济和民心极为重要。这种由地方政府和百姓运军粮的做法既不利于发展农业生产,又引起百姓的不满,不利于新生政权的巩固。洪武三年(1370年),山西省行省参政杨宪向朱元璋上书,建议采用"开中制",或称"开中法"。

"开中制"类似于北宋实行过的"折中制",就是让商人运粮食和其他军需物资到北方边疆,以所运之粮食换取"盐引",然后凭"盐引"到指定盐场支取食盐,再到指定的地区销售。朱元璋采纳了这个建议。当时的规定是每在大同纳粮一石或在太原纳粮一石三斗,可以换取一份"盐引",一份"盐引"支取食盐两百斤。

"开中制"对晋商的形成为什么至关重要?我们知道,食盐是人们生活的必需品,垄断了生活必需品可以获取暴利。春秋时齐国的管仲认识到这一点,为增加国家财政收入而在中国历史上最早实行盐业专卖。当时的盐业专卖就是由国家从事盐业的生产、运输、批发和零售,私人不能进入这个行业。

秦以后,盐业专卖没有实行。西汉汉武帝听从桑弘羊的建议实行盐铁专卖,自此各朝各代政府都采取了这种做法。在专卖制度之下,盐业成为暴利行业,这就引起私盐泛滥。一些商人为了暴利而不惜冒杀头之险从事盐业走私,唐朝农民起义领袖黄巢就是私盐贩子。"开中制"允许商人加入盐业贸易,晋商(以及陕商)就利用这个机会迅速发展起来了。

山西历来有经商的传统,长期的经商过程中又有资金与人才的储备,这样的天赐之商机当然不会放过。山西人还长期与北部边疆的

```
省运商今执  引一名  于本月
日亲身至  场  铺  畦内支盐十
二车由  禁门掣出御  门外店
内本月出完理后填入原领引
信门票投大使转呈本场
院宪大人  查阅施行填据呈实
盐院
道光  印信
        年  月  日  具
```

盐引的实物已无,这张清代道光年间河东运商盐引取自《河东盐法志》一书。

少数民族有贸易联系,向北部边疆运粮也是轻车熟路。山西除南部是产粮区外,总体上并不是产粮大省。但与之相邻的河南、山东都是产粮大省。这些地方传统上也是山西人经商的地方。实行"开中制"之后,山西人就先到这些地方收购粮食,然后运到北部边疆换取盐引。也有山西商人在靠近北部边疆的地区招募走西口的流民开垦荒地种粮,运到"九边"换盐引,这可以称为"民屯"或"商屯"。这时北部边疆的军需主要由山西人供给,他们以粮换盐引也大发其财,明代的涂宗浚在《边盐壅滞疏》中记载:"延绥镇其时兵马云集,全赖商人接济军需,每年有定额,往往召集山西商人,领认淮浙二盐,输粮于各堡仓给引,然后前去江南盐运使司,领盐发卖,大获其利。"

实行"开中制"之后,山西商人活跃于大同、宣府和北部边镇。他们的规模迅速扩大,在河东和长芦两个主要产盐区都有相当大的势力,并形成了自己的行帮——纲。雍正时期的《长芦盐法志》记载:"明初,分商之纲领者五:曰浙直之纲,曰宣大之纲,曰泽潞之纲,曰平阳之纲，曰蒲州之纲。"这五个纲中，除浙直纲外，其他四纲都是山西人。其中，泽潞、平阳、蒲州三纲以晋南人为主，宣大纲以晋北人为主。这也说明晋商起源于晋南，所以在明初的盐纲中势力强大。这一时期，山西人从事盐业且成功者颇多。有记载者如太原闫氏、洪洞李氏、代州冯氏，以及蒲州的范世逵、大同的周全，等等。其中，最大者是我们以后要专门介绍的官商一体的蒲州张、王两家。

促进晋商盐业贸易发展的另一项政策是政府退出盐业生产领域。盐业专卖是政府垄断了盐业生产、运输和销售的各个环节。实行"开中制"，仅仅是放开了运输和销售，生产仍然由政府直接经营，商人获得的仅仅是销售权。官营盐的生产采用盐丁制。制盐是一个极苦的行业，当政府完全垄断时，收入又低，无人愿意从事。盐丁制就是强征百姓为盐丁制盐。盐丁是一种强迫劳动。盐丁苦不堪言，官府用暴力强制，其效率极低。加之官场腐败，管理混乱，盐产量极低，远远满足不了需要。明弘治年间（1488—1505年），河东盐年办盐课额42万引。到正德四年（1509年），所欠盐引达46万引。这种状况也影响到政府的财政收入，使得明政府不得不调整盐业政策。

宋代实行"折中制"，放开盐业销售后，五十多年间产量增加了89%，但在元代产量提高并不多。到明代时，河东盐的生产方式发生了变化。在采用捞取自然结晶盐时，产量有限，而且往往因洪水入侵而使卤水（池水）变淡，产量并不稳定。明初时采用"且种且漉"的方法，即由捞盐改为垦筑畦埂引卤晒盐。此时限制盐产量的就不是技术，而是"国有国营"的体制了。明正德年间以后，政府允许部分商人自备工本参与池盐生产。

当然，促成这一变革的还是自下而上的推动。在官盐供不应求的情况下，正德十三年（1518年），商人吕铃等奏，河东盐池"已是办纳正课"（即完成指定的定额），而东西两头"悉皆遗弃"，建议"每引定价一钱二分，召商中纳，令其自雇夫役捞办关支，庶官民两便"。当时的户部尚书石玠不承认河东有遗弃的盐池，还把吕铃等人视为奸商玩法，欲治罪，但吕铃等人也有豪贵的支持。此事后来虽然不了了之，但是盐业生产实际上已放开了。以后完全实行了"畦归商种"的政策，废除了官办制。到清康熙十九年（1680年），有盐商（制盐者）五百一十三名，每商一处，领池地八分三厘；每领一号畦地，纳课六锭；每锭纳银五十两，即每号畦地纳银三百两。

  盐业生产的开放，增加了产量，促进了贸易。在宋代，潞盐最高年产量为8 000多万斤。明代实行民营之后，万历三十二年（1604年）年产量达2.8亿多斤，增加了近2.5倍。河东盐的产量增加，行销地区扩大了，原来销售两淮盐的一些地区改销河东盐，如河南的洛阳、汝宁、南阳及陈州。当年，河东盐占领了河南、陕西和山西。正是在这一过程中，山西人把商业扩展到了更广泛的地区。

  "开中制"是盐业的"国退民进"。山西人利用这个机会，做大了以盐业为主的贸易。随着山西人把买卖做到更广泛的地区，他们之间需要互助，于是形成了"纲"，形成了以地域乡情为纽带的松散商业联盟，这就是我们所说的晋商。晋商起飞了。

07

从"开中制"到"折色制"

政策变化中的晋商

明代中期,盐业政策转向"折色制"。
山西大盐商迁到扬州,
剩下的人开始寻找与北部少数民族进行贸易的机遇。

抓住一次商机，只有一时的辉煌。不断抓住新的商机，调整自己的经营，才有持久的辉煌。晋商能够成就五百年的辉煌，正在于他们抓住了历史提供的一次又一次商机。也许他们没有听说过"与时俱进"这个时髦的词，但却实践了这一点。

明代中期，盐业政策由"开中制"转向"折色制"。随着社会商品经济的发展以及政府财政收入的增加，政府逐渐增加了向"九边"拨运的饷银。天顺、成化年间，在推行纳粮开中的同时，也允许纳银开中，后来在盐运司纳银开中逐渐成为主要形式。这些银子运到户部的太仓府，作为京运年例银调拨到"九边"。于是，以银货为中心的边饷筹集体制逐渐取代了以实物为中心的体制。"开中制"已不能适应社会需要。弘治五年（1492年），户部尚书叶淇变法，把纳粮开中改为纳银开中，并提高了盐引值。自此，"开中制"变为"折色制"。在"折色制"下，商人不用再到北部边疆纳粮换取盐引，而是在内地就可以到盐运司纳银换取盐引。

盐业政策的变化必然影响到盐商。盐商分为"边商"与"内商"。"边商"是在边疆纳粮换取盐引的商人，"内商"是在内地纳银换取盐引或购买"边商"的盐引从事贸易的商人。"边商"利用的是地理位置的优势及"开中制"下对盐引的控制。实行"折色制"以后，在盐业贸易中，"边商"的地理位置优势没用了，也无法控制盐引。"内商"控制着两淮的主要盐场，资金雄厚，迅速发展起来，而"边商"逐渐衰落下去。而且，由于扬州临近两淮盐场，"内商"逐渐向扬州集中。

扬州的盐商包括徽商与晋商。晋商中仍然经营盐业的逐渐迁往扬州，其中著名的，如太原望族贾氏由"边商"转为"内商"，举家迁往扬州；清初著名学者闫若琚的第七代先祖"业盐策迁淮"；代州人杨继美迁扬州后不仅商业做得大，而且颇有文化，被推为盐商祭酒；临汾的亢氏和大同薛氏都成为扬州著名的盐商。

在"开中制"和"折色制"下，纳粮或纳银换取盐引无须什么资格，任何人都可以从事。而且，为了防止官员腐败，还规定禁止监临官员、权势之家、公、侯、伯及四品以上文武百官本人及其家人、奴仆从事盐业贸易。但早在宣德、正统年间，这项禁令就成了一纸空文。到成化年间，原来在被禁之列的官僚显贵直接奏请皇帝取得巨额盐引，然后转售给商人牟利，或由家人直接从事盐业贸易。这样，盐业贸易名为放开，实际上被这些人垄断了。

在"折色制"下，盐引本身就是钱。这就激发政府和官员滥发盐引，造成盐的产量小于发出的盐引的事实。明代中后期，已经纳银但尚未支盐的盐引约为二十万引。为了疏清旧引，政府把持有盐引的商人划分为十纲，每纲的盐引皆为二十万引，以圣、德、超、千、古、皇、风、扇、九、围命名。每年对其中一纲的旧引支盐，对其他九纲的新引支盐，以十年为期，把旧引完全疏清。政府还按纲编造纲册，登记商人姓名及持有的旧引数量。这种盐业制度被称为"纲盐制"。这种纲册被称为"窝本"，入纲的商人领有"窝本"。纲册上无名、没有领到"窝本"者，没有资格领取盐引。纲册上有名、领有"窝本"者，都是资本雄厚或有大官背景的大盐商，这就形成了盐业中的垄断。这种垄断为大盐商带来了巨额利润，这才有"金窝、银窝不如引窝"之说。这些商人主要住在扬州，所以有"天下商人扬州最富"的说法。至于他们如何富有，如何过骄奢淫逸的日子，有兴趣的读者可

富饶的扬州是由盐商支撑起来的。

以读一读清代文人李斗写的《扬州画舫录》。

盐业贸易发生这种变动后,山西的大盐商迁到扬州,剩下的盐商已经无法以盐业为主业了。但这种变化并没有使晋商衰落,他们又找到了与北部各少数民族进行多元化贸易的机遇。

自古以来,山西人就与北部少数民族之间存在时断时续、时高时低的物物交易。这种贸易的状况完全取决于政府与这些少数民族之间的关系。明政府与北部主要少数民族——蒙古人之间的关系是"剪不断,理还乱"。明朝与蒙古有对立的一面。蒙古人不时侵犯北部边境地区,明政府当然要反击。明英宗带兵出征蒙古被俘的"土木堡之变"正是这种矛盾冲突激化的结果。但明朝与蒙古之间又有内在的贸易需求。蒙古人需要明朝的各种生活用品,明朝也需要蒙古人的马、牛、羊及皮毛。双方的贸易一直没有完全中断,但受到相当大的限制。

隆庆四年（1570年），明蒙关系出现了转机。蒙古俺答汗之孙把汉那吉弃蒙降明。大臣们对是否接受把汉那吉的投降展开争论。一些大臣主张借此机会杀掉把汉那吉，消灭蒙古势力。当时担任宣大总督的王崇古提出了"封俺答，定朝贡，通互市"的"朝贡八议"。王崇古和任内阁大臣的张四维家族都是大商人，开放贸易当然对他们自己也有利。在晋商和这些官员的推动之下，王崇古的奏议得到内阁权臣高拱、张居正的大力支持。从隆庆五年（1571年）到万历十五年（1587年），明政府先后在长城沿线宣府的张家口，大同的守口堡、得胜堡、新平堡，山西的水泉营等地开设马市13处。这就拉开了大规模北部边疆贸易的序幕，也给了晋商一个新机会。

开始时，这些马市是官市，其贸易量一直在增长。仅宣府、大同、偏关三地，马的交易量就从隆庆五年的7 030匹，增加到万历二年（1574年）的27 000匹，又增加到万历十一年（1583年）的45 000匹。

官市的建立又推动了从事民间贸易的民市的发展，而且民市的发展要远远快于官市。民市早在永乐年间（1403—1424年）就已经出现，但受政策影响发展并不快。官市开通后，政府允许"官市毕，听民私市"。官市的交易无论品种还是数量都远远不能满足双方的需要，因此民市发展迅速，贸易量数倍于官市。

除了与蒙古人交易的马市外，明政府还在辽东开放了与女真人（女真族是满族的前身）交易的东马市，以及与西番人交易的西茶市。这些都给晋商提供了新的贸易机会。

晋商抓住这些机会成功进行了转型。首先，从以盐业贸易为主转向多业经营。由于边疆贸易和国内贸易的需要，他们经营的行业包括：粮食业、棉布业、棉花业、丝绸业、茶业、绒货业、颜料业、煤炭业、铁货业、木材业、烟草业、纸张干果等杂货业、药材业、盐业等，当时的贸易物品几乎无所不包。其次，由纳粮开中地区转为向全国各地发展，几乎没有晋商不去经商的地方。最后，晋商的企业制度、经营方式也在不断调整，这一点我们稍后在其他文章中再详细介绍。

在明代，晋商已经成为国内最大的商帮之一，并出现了许多富商大户。嘉靖年间，奸臣严嵩的儿子严世蕃与人评论天下富豪时，把"积资满五十万以上"作为富户的标准，共有十七家列入，除皇室达官外，民间有五家，其中"山西三姓，徽州二姓"。明人沈思孝在《晋录》中说："平阳、泽、潞豪商大贾甲天下，非数十万不称富。"明人谢肇淛在《五杂俎》中说："富室之称雄者，江南则推新安，江北则推山右。新安大贾，鱼盐为业，藏镪有至百万者，其他二三十万，则中贾耳。山右或盐，或丝，或转贩，或窖粟，其富甚于新安。"可见在明代，晋商已富甲天下了。

在清朝以后，晋商还抓住了两次机会。一次是清统一中国后的贸易机会，另一次是清道光年间的金融创新——票号。这些我们将在其他文章中介绍。

08

有麻雀的地方就有山西商人

走遍全国的晋商

如果要画一幅晋商在全国各地活动的画，
我想应该写上：
"晋商走遍全国，商也富来民也富。"

北京的"都一处"和"六必居"是两家著名的老字号，有关它们的传说许多人并不陌生。

乾隆十七年（1753年）腊月三十晚上，北京城里的店铺几乎都打烊回家过年了，只有前门附近的一家小店还在营业。子夜时分，来了一主一仆模样的两个人。他们吃了一顿可口的饭菜后并没有离开。当他们发现这家小店并无招牌时，就让店主拿来笔墨，主人模样的人写下了"都一处"三字，是说这时开张的店在京都只有这一家了。不久，宫中送来一块虎头牌，店主才知道来吃饭并题字的人是乾隆爷。这个传说是真是假已无法证明了，但"都一处"的确成了老字号。不知道当年乾隆爷吃的是什么，让我留恋至今的是它的烧卖，薄皮大馅，一咬一口油，真香啊！

另一个是关于"六必居"的。"六必居"也在前门附近，是明代时官员们早朝之后常来喝个小酒、聊聊闲天的地方，连当朝宰相严嵩也常来。尽管在今人看来严嵩是奸臣，但他其实也是大书法家，又位极人臣，能请他给写个店名，生意定会更加兴隆。不过严嵩的字不好求，他们就去找严夫人。严夫人想了一个办法，写了许多幅"六必居"的字，严嵩看了认为写得不好，就自己写了一幅让夫人临摹。后来这幅字就被刻成了"六必居"的店牌。这个故事也只能听之一乐，但"六必居"之盛名却非虚传，至今不少老人都非"六必居"的咸菜不吃，大酱不用。

知道这两个传说的人不少，但知道这两家店为山西人开的并不多。"都一处"为山西李姓青年所开,他所制作的马莲肉和晾肉堪称一绝。乾隆皇帝去吃饭时,李掌柜已去世,店主是他的妻子盖素珍。"六必居"为山西临汾人赵存义、赵存仁、赵存礼三兄弟所开。他们经营"开门七件事"中除茶之外的"柴、米、油、盐、酱、醋"。这六样东西是日常生活离不了的,故有"六必"之说。

在当年京城的晋商中,这两家店绝对谈不上大,主人亦小康而已。但从这两家店我们可以看出,山西人无处不去,无一行业不经营,而且出手就成功。山西人经商之才能可见一斑。

再来说北京,从明代起山西人就在北京经营着各个行业,几乎无所不包。所开的名店除"都一处""六必居"外,还有经营纸业的"洪吉纸号"、经营药业的"万全堂药店"(早于同仁堂)。山西人在北京有多少商号、多少商人已不可考,但在北京最早建商人会馆的是山西人,会馆建得最多的也是山西的会馆,达32个。

当然,到北京经商只是山西人顺手玩玩。山西人在其他许多地方的买卖比北京大得多。近代学者严慎修在其所著的《晋商盛衰记》中写道:"南则江汉之流域,以至桂粤;北则满洲、内外蒙古,以至

吃过"六必居"咸菜的人不少,但有几个人知道其创业者为山西人呢?

俄国莫斯科；东则京津、济南、徐州；西则宁夏、青海、乌里雅苏台等处，几无不有晋商。"再来看具体的记载："汉民至（黑龙）江省贸易，以山西为最早。""塞上商贾，多宣化、大同、朔平三府人。""在中国西部地区活动的主要是山西和天津的商人。"四川打箭炉"城以内所驻商贾，惟秦、晋两帮最伙。"康熙皇帝也说："今朕行历吴越州郡，察其市肆贸易，多系晋省之人，而土著盖寡。"《清宣宗实录》中则有"太谷、平遥、介休各县民人，多在广东及南省等处贸易"的记录。山西究竟有多少人在外经商？根据新中国成立初期在平遥等地的调查，有从商经历的人占成人的一半以上。

在这样广阔的土地上有这么多的山西人在经商，哪个省可以与之相比？徽商也算第二商帮了，但他们主要还是在南方富庶之地活动，很少去到偏僻、边远的地方，更别说国外了。至于其他的商帮，都是一些地域性相当强的商帮。与晋商相比，他们都要用一个"小"字来形容。晋商成为天下第一商帮，不仅仅在于它有富甲海内的大户，还在于它形成了一种大规模的群众性经商运动。就连梁启超先生都说，能让他"自夸于世界人之前"的只有"有历史、有基础、能继续发达的山西商业"。

在这种广泛的经商过程中，晋商不仅富了自己，而且还带动了当地经济发展，为富一方。

清朝统一中国，为商业发展创造了一个稳定的环境。乾隆初年，为了加强西北蒙古地区的防卫力量，清政府将右卫将军改为绥远将军，其所属的八旗子弟军队由右玉移驻绥远，进行屯田耕种，并鼓励内地百姓前往口外开垦荒地。绥远地区的农业得到发展，前来经商的山西人很多，后来最著名的就是乔家和大盛魁。

乔家的第一代乔贵发先在包头一带当伙计，以后与秦氏合伙开了一个草料铺,兼营豆腐等小吃和杂货。该店成功后,秦氏儿子不肖,全由乔家接管,以后发展为经营各个行业、有十几家店铺的集团。因为这些店铺的名字中大多有一个"复"字,故乔家在包头的商号统称为"复"字号。这家商号对包头的发展起了重要的作用,所以有"先有复字号,后有包头城"的说法。另一家对内蒙古的发展起了积极作用的商号是山西太谷人王相卿和祁县的史大学、张杰所创建的大盛魁商号。其总号原来在乌里雅苏台,后迁至归化。他们经营的商品包括茶叶、烟草、绸缎、糖、铁器、蒙古靴子、木碗、药材、牲畜、冻羊肉、皮毛等。大盛魁在极盛时几乎垄断了蒙古牧区市场,对发展这个地区的生产、活跃经济、改善牧民生活起了重要作用。

广大的北部边疆本来是荒凉而贫穷的,晋商在改变这种状况方面起了重要作用。归绥地区从清初开始移民开荒种地。山西人在这里经营皮业、餐饮、肉、药材、纸张、百货、铁器、木材木器、油漆、典当、钱庄、票号、理发、修鞋、缝纫等,既满足了人民的生活需要,也促进了当地的经济发展和移民增加,到光绪十年(1884年)时已有"士农工商数十万户"。库伦(今乌兰巴托)和多伦原来为落后的草原,山西人在这里主要经营牲畜,对当地的开发起了重要的作用。到宣统末年,库伦地区已有近二十万人,超过乌里雅苏台和科布多两个地区的总和。

山西人在东北的贸易应该是从明代中期在辽东设东马市正式开始的。这里原来地广人稀,自山西人来后城市人口逐渐增加,没有店铺的地方也有了店铺。晋商大户太谷曹家正是从辽宁的朝阳起家的,所以有"先有曹家号,后有朝阳城"之说。据不完全的资料,在奉天(今沈阳)的山西商人有一百三十余人,当然这些留下名字的只是大店铺的东家或大掌柜,实际在此经商的山西人十几倍于此数。他们还来到吉林、黑龙江一带。东北的晋商主要从事粮食的生产、运输与销售，组织当地土特产（包括人参、鹿茸等）的运销，以及从事酿酒业和榨油业。这些经商活动使东北经济发展加快。到宣统末年，东北人口已达一千八百多万，比嘉庆二十五年（1820年）增加了近六倍。

山西商人在新疆哈密、巴里坤这一带的活动始于康熙末年，是随清驻防而去的。起初以运粮为主，后来经营茶叶，并向内地贩卖玉石。此外，晋商还在四川雅州、青海松潘这一带经商。

晋商在各地经商都对当地有重要影响，即使像苏州这样繁荣的地方，晋商也有举足轻重的影响。道光八年（1828年），由于商业用银多由票号汇兑，苏州市场上少了数百万两现银而使市场波动、物价飞涨。这些发达地区的经济和商业本来就发达，晋商的到来，再重要也是"锦上添花"；而对于北部落后地区，晋商的到来就是"雪中送炭"。所以，我们重点介绍了晋商在北部边疆地区的活动与影响。

记得有一幅表现"领袖走遍全国，山也乐来水也乐"的画。我想如果画一幅晋商在全国活动的画，就应该写上："晋商走遍全国，商也富来民也富。"今天当我们为这些地方的经济发展而欢呼时，不要忘了当年晋商的历史功绩。

09

第一桶金由何而来

晋商早期发家史

了解晋商如何挖到第一桶金,
是对历史和先人负责,
也可以启示今天希望成功的创业者。
学晋商,先学晋商的品德。

游山西 话晋商

在一个传统社会中，当少数人致富之后，社会上难免有各种怀疑与猜测。这就有了第一桶金来路不正的"原罪"说。有些富人也内心不安，编造了各种"神助"的神话。

太谷北洸村的晋商大户曹家声称，自己的第一代创业者曹三喜在外卖砂锅时，有一次住在一个闹鬼的房子里。结果，晚上发现满地都是金银财宝，由此发家。旅蒙商号大盛魁也编造了一神秘老人留下银子的故事，并煞有介事地设立了"财神股"。在一个人们普遍信神信鬼的社会中，这些故事也许会有人相信。但说得多了，反而会有越描越黑的效果。

资本主义社会的原始积累过程也许充满了对外殖民、掠夺的血和泪，但晋商的第一桶金主要还是来源于自己的勤奋和才智，再加上抓住了"开中制"和清朝统一中国这样的好时机。晋商中许多成功的大户，如曹家、乔家、侯家、冀家、渠家、常家等，都是从一无所有的贫苦农民经过很多代人努力才成为富商的。他们在成功之后也走了官商结合之路，但在起步挖第一桶金时，完全是靠自己的努力。就是明代张、王两家这样富可敌国的富户，起先也是自我奋斗，成功后才有人去读书、当官，靠权力达到顶峰。了解晋商如何挖到第一桶金，是对历史和先人的负责，也可以启示今天希望成功的创业者。

美国社会学家乔治·吉尔德在《财富与贫困》一书中指出："财富大半是思想的产物，而不是金钱的产物。"这就是说，人之所以穷，主要是自己安贫乐道。一个人只要想富，总可以通过奋斗取得不同程度的成功。晋商最集中的晋中这一带，自然条件恶劣，人多地少，生活相当艰难。那些安于贫穷的人，就一代一代地在这块土地上自生自灭。但少数不甘于贫穷的人却在寻找并尝试不同的脱贫之道。

在封建社会，穷人的脱贫之道一是造反，二是经商。山西民风淳朴，没有造反的传统。历史上没有一次农民起义发生在山西，也没有一个农民起义的领袖或重要将领是山西人。于是，那些不甘贫穷的人就走上了外出寻找脱贫之道的漫长而艰难的旅程。明代的王家兄弟王瑶、王现走遍了大江南北，范家的范永斗奔波于张家口和辽东之间；清初曹家的曹三喜来到了辽宁朝阳，乔家的乔贵发来到了内蒙古包头，常家的先人来到张家口这一带，侯家的侯万瞻父子从南到北贩运丝绸，渠家的先祖渠济是走乡串户的货郎，后行至包头。这些今天如雷贯耳的晋商名家，哪一家不是不甘贫穷，走上了开弓没有回头箭的创业之路？没有改变贫穷的决心，他们如何能走上这一步？

外出经商其艰苦自不必说，关键是要能经得起惨败的考验。当年乔家的广盛公在包头从事"买树梢"的投机买卖。"买树梢"相当于买青苗，在春天把农民未长成的庄稼买下，到秋后按预定的价格收购。未来是不确定的，"买树梢"是大收益与大风险并存。乔家有一次"买树梢"失败，濒临破产，幸亏有同仁相助才渡过难关。以后，乔家用三年的时间还清了旧债，才有了新起步，并把广盛公改为复盛公。如果面临破产、债权人讨债，乔贵发一死了之，还会有后来乔家的大富大贵吗？晋商中这种从困境中求生存与发展的例子不少。那个时候，支撑他们的不是财产，而是一种"不服输"的精神信念，正是这种信念后来变成巨大的物质财富。

与成功的晋商同时出去闯天下的人当然不止我们今天知道的这几家，但为什么只有他们成功了，而失败的是绝大多数呢？我想这有一

恢宏的晋商大院不是来自"神助"或"原罪",而是来自勤奋与才智。

个眼光的问题。换句话说,成功的人不仅要有艰苦奋斗、不怕挫折的精神,还要有超出别人的眼光,能抓住商机。仅仅能吃苦、勤劳、坚强,还不能保证成功,还需要有能力。既有眼光又有能力,才能抓住别人看不到或抓不住的商机。

张、王两家抓住了"开中制"后的盐业贸易,侯家抓住了丝绸贸易,常家抓住了与俄国的茶叶贸易,范家抓住了与尚未执掌中原的女真人的贸易,日升昌抓住了票号业,这些我们都已熟悉。这里再讲一个并非晋商著名大户的例子。

明代嘉靖年间,山西蒲州(今永济市)商人王海峰从事盐业贸易。当时长芦盐场官僚显贵与地方豪绅上下勾结,制造土盐和走私的人相当多,官盐销售量锐减,许多盐商纷纷离去。王海峰想,长芦盐区是当年齐国管仲靠鱼盐之利起家的地方,目前的状况只是暂时的,别人走了,这不正是自己的机会吗?他于是上书政府整顿盐业,增加税收,这当然与政府的想法一致。长芦盐区整顿后,生产和运销再一次繁荣,王海峰的盐业生意由此做大了,他也成为当时颇有名气的富商。

还有一位更不出名的山西交城县农民王权,家境贫困又遇大灾,投奔兄长当伙计的店,照顾有病的东家。东家被他无微不至的关怀感动,给他500两银子开店。王权回乡时认识了一位在李自成军中管后勤的小官,知道他们正进军北京,而且势不可挡。王权注意到义军戴的是一种陕西米脂一带的凉帽(油画《李自成进北京》中李自成戴的和位于北京昌平的李自成塑像上戴的那一种),估计他们到京后凉帽就都坏了,必定要换。于是,他便到陕西大量收购凉帽。凉帽从每顶3个铜钱涨到18个铜钱,他仍然收购,待李自成部队进京,以每顶1.8两银子的高价售出。王权因此大赚一笔,被人称为"凉帽王"。市场上机会常有,但能看准并抓住的人并不多。成功的晋商就是这为数不多的智者。

李自成头上的凉帽正是王权成功的商机,千千万万的王权正是抓住这种商机成就了一番事业。

我们常讲"小富靠智,大富靠德"。这就是说,成大事者不会去玩那些权术,而是拥有做人的大德。许多人在开始创业时往往饥不择食,什么缺德事都干。晋商中这样的人当初肯定也不少,但他们以后无一成大事,在赚几个小钱后就销声匿迹了。所以,留下的都是做成大事者的成功事例。

电视剧《乔家大院》中乔致庸坚决制止往胡麻油中掺假一事,历史上确有其事。当时,许多商人普遍的做法是把小米粥的汤用搅拌法掺入油中,短期内从颜色上看不出来,也不致毒死人,或者吃下去后有不良后果。乔致庸反对的正是这种做法,他认为要卖就卖货真价实的油。还有一件发生在乔家复字号的事:当时许多商号卖面时缺斤短两,但复字号卖的一斤面实际上却是一斤一两。表面上看,乔家是傻子,实际上消费者并不傻。他们后来都到乔家买面,把其他商号挤垮了。我想,《乔家大院》中每块一斤的砖茶实际上是一斤一两,应该是根据这件事的艺术创造。那些自以为聪明的商号总以为自己比消费者精明,就用各种方法蒙骗消费者,实际上消费者什么不明白?经济学告诉人们的一个真理是:人人都是理性的经济人,千万别以为自己比别人精明。把别人看成傻子的人自己才真傻。当年那些卖掺假的麻油、缺斤短两的面粉的人,哪一个后来成了大家?骗得几个小钱回去,又能过几天日子,遑论大院?

许多人都关心如何创业,如何致富。其实,这里并没有什么《葵花宝典》,道理简单得很。当年晋商是这样走过来的,市场经济中各国的企业家是这样走过来的,今天的人仍然要这样走。道理并不难,无非是有人不愿意这样走,总想找一条捷径而已。

对于"原罪"说,我是不相信的。我想那不过是想当然,不过是对成功者的一种敌视。那些有"原罪"的创业者,即使当时看上去无限风光，很快就会受到惩罚。赖昌星、顾雏军之类当年靠骗术上过"福布斯"排行榜的人，倒台不也就在几年之间吗？只有那些靠勤奋、才智、人品致富者才是大将之才。

看晋商，想现在。学晋商，先学晋商的品德，才没有白来一趟山西。

10

两代晋商不一样

明清晋商的差异与联系

清代的晋商能达到鼎盛，
离不开明代晋商的基础。
这种基础不是人脉，
甚至不是经商的经验，
而是文化传统。

游山西　话晋商

现在的电视剧、电影、小说等文艺作品中写的都是清代的晋商。无论是影响颇大的《乔家大院》，还是《白银谷》中，晋商都是梳一条大辫子的清朝子民。这就使许多人误认为晋商是清代的事，而不知道辉煌五百年的晋商是从明代开始的。明代晋商与清代晋商有联系，但差异更大。不了解这一点，就不能全面了解晋商。

我们知道，山西人经商起源于晋南，晋商作为一个商帮的形成也是在明初的山西南部。这时晋商的中心，或者说主要的大商人的籍贯都是蒲州（现永济市），或主要在这里经营成功。明初，天下的盐商分为五纲，其中泽潞帮、平阳帮、蒲州帮都在晋南，而且蒲州俨然独成一帮。明朝人沈思孝所说的平阳、泽州、潞州之豪商都是晋南人。其原因不仅有春秋以来的经商传统，与自然资源、地域也密切相关。当然，首先是有盐池的盐，还有铁、粮食、丝绸、烟叶、棉花等贸易的商品。这一带的人利用临近黄河、汾河及陆路交通便利的自然条件在河南地区从事粮食贸易。而且这一带土质坚实，可以挖窑洞，窑洞不仅住起来冬暖夏凉，而且适于贮藏粮食。当开中制实行之后，他们就有条件利用这个机会，用粮食换盐引，形成商帮。此外，陕西的陕商也是在明初开中制后形成的，按日本学者藤井宏的说法，"在明一代，作为盐商的陕西商人，其势力曾凌驾于山西商人之上"。山西与陕西为"秦晋之好"，而与陕西人更近、关系更密切的是晋南人。所以，当时的晋商与陕商合作，把商业做得红红火火。晋中一带没有这些资源与物产，明代也没有什么值得注意的商人，更无从形成什么商帮。所以，晋南的商帮在明代已经形成，而晋中是在清初以后才形成的。晋南商帮的中心在蒲州（今永济市），晋中商帮的中心在祁县、太谷、平遥。

明代晋商经营的业务与清代完全不同。明代的晋商起初是以盐为主的，几乎所有的大商人都是靠盐而富。在盐业政策由开中制转变为折色制之后，有一些盐商仍然作为边商经营盐业，还有一些移民到新的盐业中心扬州或迁至他地。同时，他们也经营铁器、丝绸、桂花、烟叶、纸张等商品。这时晋南的商业开始衰落。晋中的商人从来没有把盐业作为主业。明末清初当他们进入商业时，徽商已经进入盐业，并逐渐主导了盐业，留存山西的晋商，或新进入商业的山西人，都没有以盐业为主业。

清代以晋中为中心的晋商一直是多元化经营的，所谓"上起葱蒜，下至绸缎，无所不为"就是这个意思。但在经营中逐渐形成了三大板块，各板块被称为"帮"，即船帮、驼帮和票帮。

"船帮"主要从事对日贸易，把中国的丝绸、瓷器、文房四宝、药材出口到日本，并从日本进口铜。中日之间的贸易借助于船，故而称为"船帮"。这一帮的主营者是介休的范家。当年这一帮的贸易巨大，获利也相当可观，但在乾隆后期，范家被查抄之后，就完全衰落了。这一帮的兴盛是在清代初期。"驼帮"是指对蒙古和俄国的茶叶贸易，由于在张家口以北运输工具主要是骆驼，故称为"驼帮"。"驼帮"从清初开始，到民国初结束，一直是晋商的主业。几乎所有晋商的大商人，如曹家、乔家、常家、渠家等都参与了茶叶贸易，并以之为主业之一。"票帮"是从事票号业的商人。如果以道光三年（1823年）成立的第一家票号算起，到民国初年票号业衰亡为止，"票帮"也就存在了一百年左右。但票帮的兴盛却是晋商最辉煌的一段历史，晋商至此达到了顶峰。在清代，全国共有51家票号，其中43家为晋商所有并经营，而这其中总号设在太原者仅2家，其余41家都在清代晋商的中心地祁县、太谷和平遥，仅在平遥的总号就有22家。今天国内外许多研究晋商的学者仍把重点放在"票帮"上。

明代晋商与清代晋商的经营方式也有很大的差异。明代晋商主要从事盐业贸易。在此之前他们不少人也靠自己艰苦奋斗而创业，但进入盐业贸易后，就要靠官商结合，与以后的徽商颇为接近。而且，他们官商结合的方式主要是在一个家族内既有人从政，又有人从商。在这方面，当年显赫的张、王两家就是如此。而且，只有有政府背景的商人才能做大。

清代晋商主要是靠自我奋斗而成功的商人。他们原来一贫如洗，被逼无奈走上经商之路。曹家、乔家等晋商大家都是如此。而且，他们从事的行业也并非政府控制的行业，因此成功发家最后做大还靠个人，可以称之为"草根商人"。但在传统社会中，政府控制了所有资源，拥有至高无上的权力，因此，最终商业的成功还要靠政府。清代的晋商在做大之后也要实现官商结合。"船帮"的贸易本来就是政府特许的，"驼帮"的贸易需要取得政府发放的出口许可证"龙票"，"票帮"也是在进入官银汇兑之后才真正做大的。不过这时晋商的大商人家中并没有出现官员，因此官商结合的实现只能靠行贿等公关手段。乔家曾接待过慈禧太后与光绪皇帝，并从中获益甚大，靠的就是大德通大掌柜高钰的"公关"。晋商各商号、票号交结王公贵族、高官屡见不鲜，而且也相当成功。这种对政府的依赖成为清亡之后晋商迅速衰亡的重要原因。

明清两代晋商在地域、业务、经营方式上都有重大差别，那么，它们之间有什么联系呢？

的确，有些晋商家族是从明代起家直到清代仍有影响。在明代开放对北部少数民族的贸易之后，有一些晋商就与东北地区的女真人进行贸易，用他们需要的铁器、棉布、丝绸、盐等物品换取在内地有需求的马、牛、皮毛、人参等。这些人在贸易中与女真人的上层统治者建立了良好的关系。当时女真人上层想向关内扩张，通过与晋商的交往了解了一些内地的情况。后来满人入关建立清朝之后，为感谢晋商在物质与信息方面对他们的帮助，顺治元年（1644年），即诏这些商人中最大的八家商人进京，"宴便殿，赐上方服馔，隶内务府籍"，并封为"皇商"。这八家晋商为王登库、靳良玉、范永斗、王大宇、翟堂、梁嘉宾、田生兰、黄云龙。他们持有朝廷颁发的"龙票"，垄断了清初"京师—张家口—库伦"一线的对蒙贸易。后来范家由于在康熙平定噶尔丹叛乱中的运粮之功而获得对日贸易的特权，形成清初的"船帮"。但乾雍之际这八家皇商都衰落了，其他明代著名的晋商，无论是张家、王家还是其他家也都衰落了，至少已没有当年的影响。晋南的晋商作为一个整体已成为过去。

清代之后重要的晋商都是借助于清朝统一中国之后开发内蒙古，"走西口"而发展起来的。这些人在此之前都是一穷二白的人，与明代晋商没有传承关系。这是清代晋商的主体。

联系明代晋商与清代晋商的是文化传承。明代晋商把诚信作为经商之本。明代晋商王现留给子孙的家训是："夫商与士，异术而同心。故善商者，出财货之场，而修高明之行，是故虽利而不污；善士者，引先王之经，而绝货利之径，是故必名而有成。故利以义制，名以清修，各守其业，天之鉴也。如此则子孙必昌，身安而家肥矣。"这就是说，子孙从政要留得青白在人间、从商则要诚信致富。清代的晋商接受了这种理念，把"利以义制"改为"以义制利"，作为经商的基本道德，而且清代的晋商也实现了这一点。这正是从明代到清代，晋商作为一个商帮延续并发达的基本原因，也是明清两代晋商的精神纽带。从这个意义上说，清代晋商传承了明代晋商。传承重要的不是财富的传承，也不是家族内代际的继承，而是精神的传承。

讲晋商不能只讲清代晋商，至少要从明代讲起。清代的晋商能达到鼎盛，离不开明代晋商所奠定的基础。这种基础不是人脉，甚至不是经商经验，而是文化传统。但清代晋商绝不是明代晋商的简单延续，而是在一个新时期的发扬光大。所以，清代晋商不同于明代晋商，无论在经商范围，还是财富上都有了更大的发展。同时，由于时代的不同、经商机会的不同，这两代晋商必然有重大差异。尤其是清代晋商创造了股份制、身股制等一套企业制度，比明代晋商的家族企业进了一大步。这些都是我们在研究晋商时应该注意的。

11

现代银行乡下祖父的祖父

票号业前的晋商金融业

票号出现在山西,
由晋商首创,是一种历史的必然。

山西票号被称为"现代银行的乡下祖父"。这位"祖父"来自乡下,"土"是"土"了点,但与如今拥有高楼大厦的银行却有剪不断的联系。不过,这位"乡下祖父"还有更"土"的"祖父",这"祖父"就是票号之前的金融业。只有了解票号之前的金融业,才能了解票号;只有了解山西票号出现之前山西金融业的发展,才能了解为什么票号最早出现在山西,以及为什么那么成功。

只要有以货币为媒介的商品交换,就会有为之服务的金融业。从历史的顺序来看,货币的出现晚于交易。作为最早的生息资本,高利贷与商业资本是一对孪生兄弟,同时产生于商品交换已相当发达的奴隶社会。金融业正是由这种生息资本发展而来的。在中国封建社会中,金融业的业态包括典当、印局、钱庄、账局和票号。晋商早就进入这些行业,并颇有成就。

金融业的前身是高利贷的生息资本。高利贷通常采用了三种形式:放贷获得利息、用钱买青苗,以及以高于市价的价格赊销商品。在晋商中,高利贷资本存在的时间相当长,而且也相当广泛。向高利贷者借钱的不仅有急需资金的百姓,也有商人或官员。在当时的社会条件下,当人们资金周转有困难,或者急于扩大业务时,获得资金的方式之一就是向高利贷者借贷。历史上有许多山西人放高利贷,甚至借贷者家破人亡的记载。

把高利贷活动企业化,这种企业就是典当或称当铺。当铺是专门收取抵押品而放款的特殊金融机构。《大不列颠百科全书》对"典当行"的解释是:"接受家庭用具或个人财物作抵押贷款给顾客的行业。典当业是人类最古老的行业之一,在中国两三千年前即已存在,在西方可以上溯到中世纪。"对中国典当业的起源有不同的说法,但有历史文献记载的是起源于南北朝时的佛寺中。最早的两家典当铺都是寺庙:一家是南齐的招提寺,另一家是南梁的长沙寺。

山西人何时进入典当业已不可考,但最晚在明代山西人已在经营当铺,因为历史上有明天启七年(1627年),大同城内当铺被官军抢劫的记载。因此,山西人进入当铺行业肯定要早于这个年份。明清时代,山西典当业相当发达,它也是晋商多元化经营的主要行业之一。清康熙年间,全国有当铺22 000多家,其中山西境内就有4 700家,约占五分之一。其他省份的当铺中有五分之四是由山西人开设并经营的。当时的说法是,南方当铺的经营者主要是徽州人(尤其是休宁人),而北方当铺的经营者主要是山西人。

与典当相关的高利贷是印局。印局是从事短期高利贷活动的商号,它们所借出的钱被称为"印子钱",其借贷对象主要是急需用钱的城市贫民和小商贩。印子钱不要抵押品,全凭借贷者的信用,而且期限短。典当通常为三个月、半年或一年以上,印子钱则是一天、十天或三十天。所以,印子钱的利率也远远高于典当。甚至还有一种被称为"扣头"的做法。如借银七百两,按"四扣三分行息",就是借约上写七百两,实际上贷款人只能拿到四折即二百八十两,偿还时要按七百两再加三分利计算。印局是随着城市的发展、大量贫民进入城市和小商贩的资金需求而出现的,最早产生于明末清初,清末民初之后消失。

山西人是最早从事印局的商人之一,所以有"印子钱者,晋人放债之名目也"的说法。山西寿阳的清代内阁大学士祁寯藻(人称"寿

游山西　话晋商

鲁迅童年有受当铺剥削的经历。在一般人心目中，当铺是剥削极重的高利贷行业，但当铺也是包括票号和银行在内的金融业的先祖。

阳相国")在咸丰三年（1853年）的一份奏折中指出："窃闻京城内外，现有山西等省民人开设铺面，名曰印局，所有大小铺户及军民人等，俱向其借用钱文。"他还肯定了印局的作用，"京师地方，五方杂处，商贾云集，各铺户籍资余利，买卖可以流通。军民偶有匮乏日用以资接济，是全赖印局的周转，实为不可少之事"。而且，一旦印局歇业，则"旗民无处通融，生机攸关，竭蹶者居多"。由此可看出，当时山西人在印局中也相当重要，而且在经济中起着不可小觑的作用。

典当与印局都属于高利贷资本，严格来说还不属于金融业。钱庄和账局则属于金融业了。

钱庄又称钱铺、钱店、钱局或钱号，产生于明代嘉靖年间。当时流通中使用的货币有银子与铜钱。通常大额交易用银子，民间的日常小额交易用铜钱。这就需要有一个兑换货币的机构，于是钱庄应运而生。最早的钱庄就是在街上摆摊兑换银钱的，被称为钱市、钱桌或列肆兑钱者。以后做大了，就有了固定的店铺，被称为钱庄或其他名称。

随着钱庄的发展，其业务活动也超出了银钱兑换。由于不同银子成色不同，后来钱庄还从事银两成色鉴定与熔铸业务。再后来，钱庄又替商人保管暂时闲置的货币，并受商人委托办理支付事项，成为商人之间的支付中介。钱庄代管的银子往往处于闲置状态，于是钱庄又把这些银子借给急需货币的人。可见，这时钱庄的业务已扩大到吸收存款（保管银两）、发放贷款（把保管的银两借出去），以及代理客户结算。钱庄还发行过作为银钱流通替代品的银钱票，既作为客户委托其保管货币的凭证，可随时兑成银两，也可直接用于流通。银钱票出现在清雍正、乾隆年间，这时离票号的产生已不远了。

山西人在全国开了多少钱庄没有统计数据。早在明代，山西人就进入钱庄业，到清代时更为壮大。仅乾隆三十年（1765年），在苏州的山西钱庄就有81家，并筹资修建了让贝聿铭和余秋雨惊叹的"全晋会馆"（现在已改名为"中国戏剧博物馆"）。随着山西钱庄的发展，还出现了同业的行会组织。例如，乾隆年间，归化（今呼和浩特市）就出现了钱庄的行会组织宝丰社，它们成功地熔毁了市场上流通的不足成的"沙钱"。

山西人的钱庄还发行过六种具有信用货币性质的钱票，包括由本铺出票并兑现的"凭帖"，本铺出票到另一铺兑现的"兑帖"，当铺给当铺或钱铺给钱铺的"上帖"，由非钱庄商号所出、钱铺接受的"上票"，商号用以搪塞债务的"壶瓶帖"（相当于今天的"白条"），以及类似于现代远期汇票的"期帖"。这些信用工具最迟在道光年间已在山西商人中普遍使用。

账局又称账庄，主要从事发放贷款的业务。它出现得最晚，但也最接近于现代银行。账局出现在清雍正、乾隆年间。有记载的第一家账局是乾隆元年（1736年）由山西汾阳商人王庭荣出资四万两白银在张家口建立的"祥永发"账局。

账局的主要业务是发放贷款、收取利息，贷款多以一年为期。其贷款的对象包括大商户、印局、当铺、钱庄等金融机构，以及各级官员，尤其是要用钱取得实缺（实际职务）的候补官员。后来，也发展到吸收存款和汇兑。在票号出现之前，账局在经济中十分重要，祁寯藻就有京城"银钱所以不穷，尤籍账局为接济"的说法。咸丰年间，太平天国北伐，"账局多半停歇，市面顿形萧条"。从事账局的主要也是山西人。据统计，咸丰三年（1853年）北京有268家账局，其中由山西人开设的有210家，占所有账局的80%以上，从业人员不下万人。

由以上可以看出，在票号出现之前，晋商已经在金融业中处于执牛耳的地位。晋商的商业与金融业是互动的。商业带动了金融业，金融业又促进了商业。正是在这一过程中，晋商实现了"货通天下，汇通天下"，越做越大，进入了全盛时期。

票号出现前的钱庄、账局中已经有了以后票号的业务，所以由钱庄、账局到票号是一种必然的发展趋势。山西人在这些金融活动中积累了大量的资本，也涌现出了许多人才。从这一点看，票号出现在山西，由晋商首创，是一种历史的必然。既然山西有"祖父的祖父"，出现现代银行的"祖父"也就不足为奇了。

到平遥不要忘了去当铺看一看。现存的这家当铺是清代的，保留了原有的风格。在这里还可以体会一下鲁迅先生少年时到当铺受鄙视的心情，体会一下他对典当的深恶痛绝。不过也别忘记它在历史上的作用。

12

到平遥，别忘了日升昌

晋商票号的兴起

日升昌开创了在中国历史上有重要意义的票号业，演绎了一段至今令后人仰慕的辉煌历史，把晋商推上了事业的顶峰。

游山西　话晋商

作为世界文化遗产的平遥古城，有许多地方令人流连忘返。那雄伟壮观的古城墙，别具异彩的八卦街，路旁明清风格的店铺，城中的金井楼……都会使你仿佛置身于历史的长河之中。但无论这些美景如何吸引你，也无论你的行程多么匆忙，千万别忘了去日升昌。那里是晋商票号的起点，中国票号博物馆也设在那里。要了解中国历史上的金融业，那里是必去之地。

日升昌坐落在平遥城内西大街路北。它的门脸并不大，也没有今日银行的那种辉煌与霸气。甚至与遍及平遥城内的店铺相比，它也没有什么显著的特色。但就是这么个并不起眼的地方，却开创了在中国历史上有重要意义的票号业，演绎了一段令后人仰慕的辉煌历史，把晋商推上了事业的顶峰。如今，票号早已烟消云散，但人们会永远怀念这位"现代银行的乡下祖父"。

站在日升昌的门前，我们会想到的一个问题是：为什么中国历史上的第一家票号会是这家日升昌？这是上帝掷骰子的偶然性呢，还是有其必然性？

日升昌原来是西裕成颜料铺，其东家姓李。山西历来有发达的丝绸与棉布业，相应地，也就有了为之服务的颜料业。在发达的平遥颜料业中，西裕成是龙头老大。如果没有雷履泰，西裕成也许仍然做它的颜料业，不会改为日升昌，并进入一个它从未涉及过的新行业。雷履泰在西裕成工作是一种偶然，西裕成改为日升昌，由颜料业进入票号业当时也只是雷履泰的灵机一动。这一切的确有一些偶然性。

12 到平遥，别忘了日升昌

在平遥西大街上，日升昌的铺面并不显赫，但它却开创了中国金融史上极有意义的票号业。

雷履泰当年是西裕成的大掌柜。东家李大全喜好交际，乐于助人，为人慷慨而不拘小节。那年月，尽管也有钱庄发行过钱票，但使用范围极为有限。商人经商，资金调动全靠镖局用小车运送，镖师保驾。运送银两的安全不仅靠镖师的高强武艺，还要靠镖局和镖师在黑白两道上广泛的人际关系。本地结帮成伙的强盗不抢镖局的镖车，这是"盗亦有道"。

不过，某些农民起义并不讲这些"道"。在他们看来，一切钱财都是不义之财，他们替天行道的方式就是有钱必抢。在乾隆后期，社会动荡，大大小小的农民起义不断，白莲教就是活跃于北方的义军。平遥许多在外经商的商人担心安全，就让李大全帮他们把银子送回家乡。西裕成在各地的分号和总号之间常有资金调动，李大全让这些商人朋友把银子就近留在分号，由他或分号掌柜们写个条子就可以回平

075

遥总号取银子。

在东家李大全看来,这是广交朋友、助人为乐,但雷履泰却从中看到了商机。既然有这么多人要用这种方法来调度资金,为什么不把它作为一种买卖,通过汇兑银子来赚钱呢?他的建议得到东家的支持。在雷履泰、毛鸿翙和程大培的精心策划下,西裕成颜料铺改为日升昌票号。票号采用股份制,股银为三十万两,每股一万两,共三十股,身股也为三十股,同股同红。道光三年(1823年),日升昌在喜庆的气氛中开业。

从这个过程来看,日升昌的建立的确有某种偶然性。如果雷履泰不在西裕成当大掌柜,如果李大全生性刻薄,不愿帮别人运银子,或者满足于当颜料业龙头老大,不听雷履泰的建议,那么,票号的历史就要改写。第一家票号也许是在平遥的其他商号,或者在同样有经商传统而又富裕的祁县或太谷。当这些"如果"没有发生时,第一家票号就诞生在平遥西大街上的日升昌了。

按照哲学家的说法,偶然性体现了必然性,必然性通过偶然性表现出来。日升昌成为第一家票号是一种偶然,但由晋商创造票号业则是一种必然。日升昌的偶然性正体现了晋商由商业进入金融业的必然性。

票号最早由晋商创办,首先是晋商发展的内在需要。我们知道,晋商成为一个商帮最早起家于明初"开中制"后开展盐业贸易。但在明代中期"开中制"改为"折色制"后,晋商除一部分大盐商迁居扬州之外,留在山西的已逐渐丧失了从事盐业的区位优势。这时,他们又利用明政府开放北部边疆贸易的机会参与多元化的贸易。这种状况一直持续到清代中期。这时,在晋商贸易中最重要的是与俄国、蒙古的茶叶贸易。从乾隆二十年(1755年)到嘉庆五年(1800年)的45年间，中俄贸易增长18倍多，年增长40%左右，的确为晋商带来了大量财富。但在此之后，这种贸易不再继续增加，甚至出现了不断下降的趋势。这时，晋商需要寻求新的增长点。从这时起，晋商中大量的商业资本进入典当、印局、钱庄、账局这些金融行业。由此发展下来，出现票号业就是必然的了。可以说，进入以票号为代表的金融业是晋商转型的结果，这种转型更多的是因失去传统的贸易优势而被逼出来的。

当然，要实现这种转型、进入票号业，还需要条件。这种条件就是资金、人才、网络和信誉。同时具备这些条件的，就只有晋商了。晋商位居十大商帮之首，在长期的经商过程中积累了大量财富。早在明代就已经"富甲天下"，清代之后又有相当大的发展。可以说，就财富而言，没有一个商帮可以和晋商抗衡。长期的经商历程使晋商中出现了一大批企业家和职业经理人。尤其是从明代之后，晋商就进入金融业，众多的当铺、钱庄、账局培养了晋商中的金融专业人才。正是这批人后来撑起了票号业的一片天，成为这个行业的顶梁柱。晋商的商业活动遍及全国，甚至涉足海外，在各地设立了分号。分号与分号之间形成了一个统一的商业网络，这成为实现异地汇兑不可缺少的条件。在政府没有颁布票号法的情况下，办票号完全是自发的，没有任何审批程序，其经营行为也不受监督。票号接受客户的真金白银，然后为其开一张并没有法律保证的汇票。这张汇票能不能再换为真金白银完全取决于票号的信誉。信誉是票号的生命。晋商奉行"以义制利"，几百年来坚守诚信，这就获得了客户的信任，有条件从事票号业。

其实在当时与晋商一样具备进入票号业条件的还有徽商。典当业是徽商的四大产业（木材、茶、典当、盐）之一。在典当业中，他们可以与晋商抗衡。当时晋商典当垄断北方市场，徽商典当垄断南方市场。但为什么徽商没有最早进入票号业呢？这就与徽商的获利方法有关了。我们知道，明中期实行"折色制"以后，以徽商为主的扬州盐商借助于官商结合实现了对盐业的垄断。只有进入"纲本"方可经营盐业的"纲盐制"使徽商可以凭借这种垄断地位而获得暴利，不用把资金投向其他行业，也失去了继续创新的动力，沉湎于声色犬马之中。道光初年，"纲盐制"取消、"票盐制"实行、盐业放开以后，徽商就一蹶不振。徽商是在高峰时突然垮掉的，历史没有给他们留下转型的时间。晋商在这时还没有条件像徽商一样官商结合，只有靠自己不断创新，从而创造了票号。垄断可以成人，也可以害人。

日升昌票号成立后，获利颇丰，于是其他商家也纷纷进入票号业。这就形成了晋商中影响最大的"票帮"。你在平遥和邻近的祁县、太谷还可以看到票号的遗址。

我们把票号称为"现代银行的乡下祖父"，是因为它已经具备了现代银行的三大功能：吸收存款、发放贷款和汇兑。以前的各种金融中介如典当、印局、钱庄、账局也曾有过类似业务，但只是在极为有限的范围内，或者没有坚持下来。只有票号做到了兼营这三种业务。如果仅有其中的一种业务，也还没有资格被称为"现代银行的乡下祖父"。例如，中国在唐代就出现过"飞钱"，宋代也有类似飞钱的凭券，明代则出现了民间汇票。但是，唐宪宗元和年间（806—820年）的飞钱仅仅是在铜币缺乏时的一种临时替代，宋代类似飞钱的凭券仅仅是为了方便商人向京师上缴税收，明代的汇兑范围则相当有限。所以，在中国历史上只有票号真正实现了规范化的"汇通天下"。

游山西的人对票号都有浓厚的兴趣。现在，我们就进入日升昌大院，一步一步深入地了解这位"现代银行的乡下祖父"。

13

如何汇通天下

票号的业务

在日升昌最深的院落里,
挂着一块由道光皇帝所赐的匾额,
上书"汇通天下"四个大字。
"汇通天下"是票号的志向,
也是它收入的主要来源。

在日升昌最深的院落里，挂着一块由道光皇帝所赐的匾额，上书"汇通天下"四个大字。日升昌把这块匾挂在院内而没有挂在大厅中，显示了晋商一贯的低调与谦虚。道光是位昏庸而多变的皇帝，他在鸦片战争中的表现至今令我们耿耿于怀，但这四个字恰如其分地概括出了票号事业。"汇通天下"是票号的志向，是票号的主要业务，也是它收入的主要来源。要了解票号为什么能成为"现代银行的乡下祖父"，就要知道票号如何"汇通天下"。

"汇通天下"就是可以用汇票把钱款汇兑到天下的任何地方。票号的主要业务当然是汇兑银钱。票号早期的业务主要是票汇和信汇，晚期出现电报后才有了电汇业务。票汇就是用汇票来完成钱款的汇兑。具体做法是，当汇款人缴纳汇款之后，票号开给一张汇票，汇款人把汇票交给收款人，收款人便可凭汇票向票号取款。

汇票的内容通常包括汇款人的姓名、汇款金额、汇往地、所汇银两的平码（成色）、兑取时间、经手人姓名等。汇票用带有水印的纸专门印制，每批都有一定的量，只要报废，无论何处，必寄回总号。汇票由专人书写，并用暗号代表各种数字（密押制）。

正常的汇票分为见票即付的"即票"和按票面规定日期付给的"期票"。后来，这两种汇票都实行"见票迟三五日交付"。这样便于票号利用顾客的钱款，也可以防止丢失冒领。到后来，又增加了先交款后汇款的"前期汇票"（相当于先存钱，汇费中要扣除利息）；先汇款后交款的"后期汇票"（相当于贷款，要支付利息）；先约定交款与取款时间，到期在两地票号同时交、取款的"对期汇票"；双方先约定交、取款时间，取款在这一时段的中间，交款分几次在这一时段前后的"拉对期汇票"。

票号还用过信汇和电汇的方式。信汇是汇款人交款后写信通知收款人，票号收到汇款后通知所到分号，在双方均得到通知后，可持信取款。这种方式汇费低，多用于常有往来的大客户。电汇与信汇相似，无非是用电报通知而已。

在没有票号的汇兑之前，人们外出经商要带银子，赚的钱也要由本人或镖局运回，极不方便。有了汇兑，就可以用这种纸质的汇票代替现银，带一张汇票就可以行走天下了。"汇通天下"真正成为现实。

票号从这种"汇通天下"中能获得什么呢？首先是收取汇费（又称汇水）。汇费由汇兑地方的远近决定。例如，由北京向各地汇1 000两银子的汇费，到天津为4两，到上海为20两，到苏州为35两左右，到重庆为60—80两，到成都为100两；由此可知，汇费率为0.4%—10%。当然，这种汇费也不是一成不变的。票号的原则是"酌盈济虚，抽疲转快"，即最大限度地利用资金。所以，对从资金紧张的地方往外汇款就减少或免收汇费。票号常根据各地资金状况调整汇费。此外，对于老客户和官员则给予优惠。这显示了它们经营的灵活性。

汇兑业务的客户早期主要是商人，但太平天国和庚子事变之后，官款（又称"官饷"）汇兑大大增加，甚至数十倍、百倍于民款。当政府资金匮乏时，官款又由票号垫付。这相当于贷款，又收了一笔利息。所以，汇兑官款在后期成为票号的主要收入来源。

其次是"吃空期"，又称"得空期"，就是利用交款和取款的时间差，把客户的资金用于贷款或流动资金。能吃多长时间的空期取决于汇兑路程的远近和客户的要求。例如，从北京到苏州通常要20—40

"汇通天下"四个字概括了票号的一切。

天,这段时间就可以吃空期。同样,如果客户要求在20天后取款,这段空期也可以利用。

票号的另一项主要业务是存贷款。山西票号建立后,由于业绩好,信用卓著,所以"无论官商士庶,积有金钱,皆愿储票庄,冀图保重。上而公款,如税项、军饷、边远各省丁漕等;下而私款,如官场之积蓄、绅富之储藏等,无一不存票庄之内"。官府信任票号,加之票号注重与政府的关系,所以存款中以官款为主。私款以官吏的存款为主,商人则因为票号利率极低,通常把款存在钱庄。

票号存款分为活期、定期两种。前者被称为"浮存",随时可以支取,不付利息。后者被称为"长期",期限通常为3—6个月,也有一年以上的,月息在三四厘左右,不到民间利率的一半;如提前支取,则无利息。

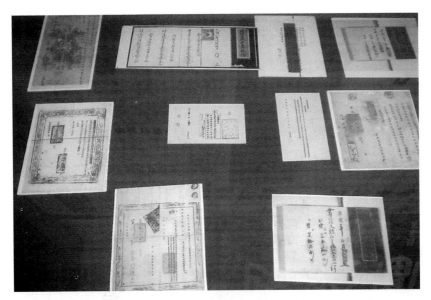

各种各样的汇票代表了真金白银。用汇票代替真金白银才能实现"汇通天下"。

票号吸收的存款除用于汇兑业务周转之外,也用于贷款。贷款的对象多为官员、商号、钱庄。利率差别很大,高的达月息一分,低的仅四五厘。一般而言,对官员的贷款利率最高,普通商号次之,同行业票号之间最低。在不同票号中,平遥帮(指总号设在平遥的票号)最低,祁太帮(指总号设在祁县和太谷的票号)最高。票号放贷只凭信用,无须抵押。贷款也分为短期与长期,短期为1—3个月,长期以一年为限;如到期不能偿还,要再办理借贷手续。

存贷款利差也是票号的主要收入之一,但各票号对放贷相当谨慎。"不图厚利,但求稳妥与活动,最忌冒险与迟滞",甚至对贷款数量都有限制。这样的做法固然减少了风险,但也限制了存贷款业务做大。这反映了票号经营者保守的一面。

票号有时还把存贷款与汇兑结合起来,形成"存汇结合"和"放汇结合"。票号汇款分为"顺汇"和"逆汇"。甲地先收款，乙地后付款，被称为"顺汇"；乙地先付款，甲地后收款，被称为"逆汇"。"存汇结合"和"放汇结合"都属于"逆汇"。

此外，票号还有三项次要业务。一是发行银两票。清代前期，钱庄已有这项业务。票号发行的银两票类似于国外的银行券，可以随时凭票兑现，也可以用于流通。在台湾作家高阳的历史小说中，常有官员及各色人等随身带银票以备行贿用的描述。例如，求见某大官时，给门房塞一张银票，以使他通报时美言几句。这里说的银票就是这种"银两票"。票号发行的银两票最小的面额为五十两银子，最大面额为一万两银子，以二三百两银子为最多。这本来是为拨兑银两用的，但由于票号信誉好，经常用于流通，甚至多年不兑现。票号主要在北京发行银两票，广州也有，其他地区则很少。此外，票号还发行过银元和银元票。这种做法可以使票号获得大量周转资金。

二是票号代办捐项。清朝有用钱买官的捐官制度，朝廷卖官、百姓买官是合法的。京外人士捐纳官职，监生来京往返不便，就由票号代办此种汇款。票号还利用其在官场的关系代办各种手续。这既方便了想买官的人，又为票号赚了钱，同时也强化了票号与政府的关系。

三是平色余利。"平"指天平，"色"指银子的成色，"平色"就是所汇兑之银子的重量和成色。当时，各地银两的平色极不统一。票号曾把各地银子的平色编了一套"平码歌"（现在日升昌的墙上仍有）。票号在收取汇兑的银子时，挑剔银子的平色，并在秤码上小施手法以减少分量。这对客户的损失极小，很少有人计较，但积少成多，票号就获利了。

票号在通过这些业务便利、资金流通实现"汇通天下"的同时，也实现了自己的利益。光绪三十二年（1906年），日升昌共盈利583 000多两银子，其中汇兑收入为309 000多两，平色余利为2 500多两，其余就是存贷款利差和代办捐项收入等。

道光皇帝向日升昌赐匾，说明了山西票号在全国的地位。整个清代全国票号共计51家，其中43家为山西人所开。晋商的这43家票号在国内及国外共有分号600余家。所以，道光皇帝称票号"汇通天下"还是有道理的。

但是，在道光皇帝写这块匾时，票号的业务还限于为商、为民服务，且不对一般百姓，业务做得并不大。太平天国运动期间，官方的银子运输受到社会动乱的干扰，财路不通，这时票号进入官汇，且成为主要业务之一。从此之后，票号的业务才真正"汇通天下"。当时晋商票号进入鼎盛时期，也是晋商历史上最辉煌的时期。用票号代表晋商也是有道理的。

我们之所以不厌其烦地把票号的各种业务介绍给大家，一是让大家理解为什么票号能成为"现代银行的乡下祖父"，从这种介绍中你可以看到现代银行与票号之间的共同点和差异；二是让大家从中体会票号如何为客户着想，提供当时社会所需要的各种服务；三是让大家思考票号后来衰亡的因素（如过多的官款、存贷款的谨慎等）。不要怕这套东西烦琐，在旅游途中等车、等飞机或休息时认真读一读、想一想，还是蛮有趣的。不信，你就试一试。

14

制度决定成败

晋商票号的股份制

晋商的企业制度有一个演变过程,
股份制是这种长期演变的结果。

现代经济学家无一不强调制度的重要性。对一个企业来说，如果不能从经验型转向制度型，从跟着感觉走转向规范化运行，建立一套有效的公司治理结构，就无法做大做强，最后难免在迷惘之中灭亡。企业制度的中心是股份制，这个道理我们现在不做企业也懂，但晋商却是在长期的经商活动中摸索出来的。

晋商的企业制度有一个演变过程。股份制是这种长期演变的结果，在进入票号业的19世纪20年代才较为完善，具备了现代股份制企业的一些基本特点。

与一切企业一样，晋商最早也是独资经营的，这种独资又以家族企业为主。明代"开中制"之后，晋商进入盐业，贸易量与贸易范围迅速扩大，深感资金不足。这时出现了贷金制。贷金制就是向别人借贷经营，表明资金所有者与使用者的分离，加快了资金的流通与有效利用。但贷金制实行固定利率。从债权人来看，债务人无论赚到多少钱，债权人的收益都是固定的。但债务人如果经营失败，就有巨大的风险，连本金也无法收回。对债权人来说，风险与收益并不对称，因此就会"惜贷"，导致债务人无钱可借。因此，它并没有真正解决资金不足的问题。

这时就出现了朋伙制，即若干人共同出资、共同经营。这种形式类似于现在的合伙制，难免在经营方针的决策和利益分配上产生矛盾。明代后期，出现了东伙制，即由一人或数人出资，雇用伙计经营。这种制度建立在以血缘或地域为纽带的相互信任的基础之上，把

14 制度决定成败

这是日升昌的柜台。东家通常不来这里，职业经理人从事正常管理与经营。这就是今天的所有权与经营权分离。

有钱者的资与无钱者的才结合在一起。东伙制已经是股份制的前身了，但仍缺乏制度规范。由东伙制转向股份制是一个极自然的过程。

清朝统一中国之后，为商业发展创造了有利的环境和条件。晋商迅速扩张，朋伙制和东伙制都不能适应大规模经营的需要。在清嘉庆、道光年间逐渐产生了股份制。道光元年为1821年，所以，晋商的股份制应该出现在19世纪初。股份制当时又称为股俸制，指有股就有俸。俸就是以红利或利息为形式的收益。

晋商的股份有"银股"与"身股"之分。清人徐珂在《清稗类钞》中说："出资者为银股，出力者为身股。"这是相当准确的。但从今天的观点来看，"身股"仅仅是激励机制的一种形式，与产权结构没有什么关系，我们会在后面详细介绍，这里只分析"银股"。

银股分为正本与副本。正本是股东的合约投资，每股多少因票号的规模而有所不同，多者每股为10 000两银子，少者每股为2 000两银子。每股又分为10厘。银股的所有者享有永久利益，可以父死子继、夫死妻承。银股只享受分红，没有股息，同时也可以在一定时期内抽出、补进或增添新股份。正本承担全部责任。

副本又称护本，日本学者称之为"辅股"。它有两种：一种是东家除正本外又投入票号的资本；另一种是东家、掌柜及有顶身股的其他员工在结账期从其分到的红利中，提留一部分存入票号。这种护本也被称为"统事"或"获本"。副本不参与分红，只得利息。

为了使票号运行得更好，晋商中还设有"倍本""厚成""公座厚利""预提护本""财神股""狗股"，等等。"倍本"是股东分红时，提留一定比例的红利，作为流动资金。"厚成"是折扣部分资产，使商号的实际财产超过账面资产，如1 000两银子的资产打七折，账面上是700两银子，但实际上是1 000两。"公座厚利"是对银股、身股分配之前提取部分利润，参加流通周转，以增加流动资金。"预提护本"是商号在分配之前提取的风险基金，即使商号有充足的流动资金，也避免了分光、吃光的短期行为。

"财神股"和"狗股"是旅蒙的大商号大盛魁所设。"财神股"的来历是，当这家商号最困难时，一位老人来喝了他们仅有的稀饭之后留下一包银子，不辞而别，且一去不复返了。他们以此为资本，获得了成功。这笔银子就被作为"财神股"。"狗股"的来历是，有一次库伦发生灾情，粮价飞涨，库伦分号为把情况告诉总号，让一只狗送信到归化。狗把信送到后疲劳而死。总号收到信后，大量收购粮食，获得大利，为了纪念这只狗而设立"狗股"。这些股本都参与分红，并作为流动资金使用。

晋商的商号和票号普遍实行股份制，票号都按股份制组建。各票号建立时资本不同,如日升昌为30万两银子,百川通为16万两,宝丰隆为36万两。一般而言,多的也就几十万两,少的有十几万两。但由于业务发展快,实际资本远远大于当初建立时的资金。同时,东家承担无限责任,所以东家的财产都是后备资本。

银股与身股的分红,各票号也不尽相同。有的是预先确定各自的比例(如6∶4或5∶5),进行分配。例如,如果预先确定银股、身股比例为6∶4,则100万两的红利,银股得60万两,身股得40万两,然后根据各自股份数量去分。也有的是实行同股同利,银股和身股加在一起分红。例如,银股与身股共100股,获利100万两,则每种股每股分红都是1万两。

晋商的股份制之所以已经具有现代股份制的特点,首先在于已经实现了股权多元化和有相对控股的大股东,以及所有权与经营权的分离。这些都是现代股份制的基本特征。比如,根据《太谷县志》成信票号在同治十二年(1873年)的合约,每股为2 000两银子,共计34 000两银子,分为17股,共有股东21人,另外员工身股4.6股。出银股的股东中有员家(不同门户)5.5股,其他13个姓的人11.5股,其中相对控股的大东家是员汝霖,共4股。只有1 000两银子,占0.5股的有11家。内蒙古的晋商商号大盛魁股东有数千家之多,上至王爷、活佛,下至小商小贩都是它的股东。股份制是为了筹资的。股权多元化不仅可以筹资更多,而且可以实现共享利益、共担风险。

晋商的股份制企业中有相对控股的大股东,这种大股东被称为大东家(其他股东则被称为东家)。由他主持企业重大决策,代表所有股东行使所有者的权力,并承担无限风险。其他股东不参与决策,只有分红权。但他们有撤股权,即"用脚投票"。

更重要的一点是,晋商的股份制实现了两权分离,即所有权与经营权的分离,在票号中这一点体现得最彻底。最初的晋商也是集所有者与经营者于一身的,所有者亲自从事经营活动,并进行内部管理。但随着企业越做越大,实际上一个所有者管不过来,就把一部分事务和权力交出来,让职业经理人负责。东家变为"甩手掌柜"(在这里指不管事的东家,人们有时也把不管家事的丈夫称为"甩手掌柜")。进入票号业之后,采用了股份制,东家有若干个,加之票号业务专业性强,许多东家并不懂。因此,在票号业中普遍实现了这种"两权分离"。山西作家成一先生的小说《茶道青红》中描述了晋商实现两权分离的过程。

两权分离在票号中是有制度保证的。据记载:"财东自将资金全权委诸经理,系负无限责任,静候经理年终报告。平素营业方针,一切措施毫不过问。每到例定账期(或三年,或四年,即决算期),由经理谒请,约日聚会,办理决算,凡扩充业务,赏罚同仁,处置红利,全由财东裁定执行。经理为建议首席,听其咨询。"从这一段话中可以看出,在"两权分离"的制度下,东家决定大掌柜的任职及所享受的身股,主持每个账期的结算与分配,决定扩大投资,奖惩员工(如身股的升降),并承担无限责任。东家对大掌柜实行"全权授权经营"。这就是说,票号的日常经营、管理等一切事务都由大掌柜说了算,东家不得过问。甚至有的票号还规定平时东家不能去票号,以免干扰大掌柜的工作。而且东家也不给票号荐人,尤其不能让"三爷"(少爷、姑爷和舅爷)进入票号。在处理要东家决定的重大问题(如分红或员工奖惩)时,大掌柜有建议权。

应该说,这些制度对晋商的发展,尤其是票号的发展起了重要的作用,在当时属于先进的企业制度。但也不能把晋商股份制的贡献过分扩大。有学者认为,晋商的股份制比西方早。其实,西方最早实行股份制的企业是荷兰的东印度公司,成立于1602年,这比中国的晋商早了两百多年。而且,中国当时并没有股票交易市场,这使得股权分散相当有限。更不用说晋商的股份制没有建立董事会,没有相应的公司治理结构,仅仅是一种筹资方式了。因此,股东过于分散的晋商企业,如大盛魁,出现了所有者缺位、内部人控制的情况。关于这一点可以参看内蒙古作家邓九刚先生的小说《大盛魁》(三卷)。两权分离有利于资金所有者与无资金的经营者充分发挥自己的作用。但在这种两权分离中权责利是不对称的,尤其是大掌柜有权(经营管理权)有利(身股),但并不承担责任;大东家承担无限责任。在东家与大掌柜之间相互信任,以信义为先,且东家有权威,大掌柜真心诚意"受人之托,忠人之事"时,这种制度是有效的。但在晋商末期,当这些条件不存在或被弱化时,企业就会出问题,这也是晋商衰亡的一个原因。

无论晋商的股份制有什么缺点,它的确是中国企业发展史上的一次飞跃。而且,在中国其他商帮中,我们还没有看到有这样成形的制度。这正是清代晋商比明代晋商的先进所在,也是晋商不同凡响之处。

15

无规矩不成方圆

晋商的内部管理制度

为什么在防止内部人败德行为上，
现代银行还比不上票号？
原因应该是多方面的，
但管理制度肯定是重要的。

翻开报纸，银行高管内外勾结作案或携款外逃已不属于"人咬狗"的新闻了。据报道，截至2004年年底，外逃的银行高管达4 000人，带走资金500亿美元，平均每人贪污1亿元人民币。后来的这些年，这类事件仍有发生，而且性质同样严重。

面对这种残酷的现实，我想起了晋商。晋商票号前后存在的时间近一百年，据不完全统计，经手的银子有十几亿两，但从现有资料看，却没有发生过如此严重的内部人贪污、携款外逃事件。为什么在防止内部人贪污这类败德行为上，现代银行还比它土里土气的"乡下祖父"大大退步了？这里的原因应该是多方面的，但管理制度肯定是重要的。人性是不可靠的，防止内部人败德行为的还是制度。看来，晋商票号的许多管理制度对我们今天还是有借鉴意义的。

晋商的内部管理制度是不断进步的。明代晋商有什么企业管理制度已不可考。清代晋商是在做大做强的过程中不断完善内部管理制度的，到票号时已臻于完善。所以，我们讲的是票号内部的制度。

一个企业管理与运行的制度化首先要看内部组织架构的设置。企业组织架构设置的原则应该是适应企业业务的需要，而且内部各个部门权力不交叉也不遗漏，每个部门和每个人的权责利明确而一致。票号的制度设计者们当然没有学过这些现代管理理论，但管理理论本来就来自实践，是先有实践而后有理论。票号的制度设计者们已经在实践中自觉或不自觉地运用这些原则了。

票号为适应其在各地汇兑业务的需要，实行总号、分号制，总号

15 无规矩不成方圆

之下在各地设分号，分号又称分庄。各地分号在总号统一领导、调度下开展汇兑等业务活动。票号针对北京达官贵人多、存款多，南方工商业发达，需要的贷款多的实际情况，制定了"北存南放"的方针。所以，不根据各分号的盈利来考察各分号的业绩，而是偏重各分号对整个票号总体的贡献。总号和分号之间用信函联系，规定"三日一函，五日一信，一个月一次总结"。通过信函沟通信息，传达总号的指令，并使总号随时掌握全面情况，作出决策。总号还定期或不定期地派人去检查分号的管理与经营情况（称为"巡庄"）。

票号总号内部设有以下职位：大掌柜一人，全权处理全号内外事务；二掌柜一人，协助大掌柜处理全号事务，尤其是内部员工的管理和考勤（山西人把管家庭内事务的妻子称为"二掌柜"就由此演变而来）；有些票号还设三掌柜一人，协助二掌柜工作，并主要负责总号柜台业务。这三位应该属于票号的高层管理人员，其中以大掌柜为中心。

票号的机构分为账房、文牍和跑街三个主要部门。账房是现在的财务部，设管账先生一人，负责全号账目和银钱出纳。另外还设副管账及帮账若干人，协助财务管理，帮账多由实习的徒弟或刚出师见习的员工担任，无固定名额。文牍相当于秘书处，有文牍先生一人，处理号中的内外部文件，负责起草与总号之间的信函。文牍需要有一定的文字功夫，多雇用读过书、参加过科举考试的文化人，故在票号中地位较高。另有录信员若干人，誊写往来文件、信函，通常由实习的徒弟或见习的员工担任，也无固定名额。跑街是业务部，也是票号中最重要的部门，通常设正跑街一人，负责接洽存贷款，以及一切银钱往来。"跑街"的意思是常在外面跑拉客户。此外还有副跑街一人，协助正跑街处理业务。练习跑街若干人则是学习业务。在总号内还有坐掌柜一人，负责管理门市，接待客户。

这是日升昌的大掌柜房,大掌柜在这里管理全号、调动资金。小小的房子却是票号运行的中枢。

分号的人员由总号统一派出。通常在分号开办时并不带资本,由总号统一运筹。分号的机构设置与总号相似。设掌柜1人(或正、副掌柜各1人)负责整个分号事务;账房1—2人,负责账目登录与银钱出纳;跑街1—2人,负责承揽业务;管银1人,专门鉴别银钱票据;信房1人,负责起草、撰写往来信函。各分号业务量不同,人员多少也不同。除这些固定员工之外,还在当地雇用临时人员,有时他们比正式员工还多。如清末百川通票号汉口分号,正式员工有6人,但雇用的临时人员达12人。其中有厨师2人,负责招待、跟腿的"公司"6人,为掌柜外出服务的轿夫3人,负责安全的"守巷"1人。从这个组织架构中我们可以看出,其人员配备与票号的业务相一致,而且各司其职,运行有效。

财务管理是任何一个企业管理的中心(意大利商人的成功有赖于

复式簿记制的发明），晋商也不例外。晋商管财务的人被称为账房先生，其地位仅次于掌柜。晋商的财务体系是明末清初山西著名文人付山先生帮助创立的，被称为"龙门账"。这种财务体系的中心是把商业活动的全部资金来往按性质、渠道，科学地分为进、缴、存、该四大类，分别设立账目核算。"进"指全部经营收入；"缴"指全部支出，即我们现在所说的会计成本；"存"指资产和债权；"该"又称"欠"，指负债和客户的投资。这四者之间的关系是：

$$进-缴=存-该$$

或者，

$$该+进=存+缴$$

年终结账时，如果"进"大于"缴"（收益大于成本），就有盈余；"进"小于"缴"，就赔本了。如果"进"与"缴"相等，以上公式所表示的关系就成立。根据这个公式，也可以通过"存"与"该"的差额来计算盈亏。用这两种方法计算盈亏，并检查账目平衡关系被称为"合龙门"，"龙门账"之名由此而来。这种记账方法与意大利人创立的复式记账法有异曲同工之妙，对提高晋商的经营效率起到了重要作用。

晋商的账簿在旧式账簿中是相当完备的。各票号的账簿多达十几种，主要有万金账（东伙合办时的合同、股利分配等）、流水账（借贷、汇款、杂支、利息、与各号的来往汇款）、老账（流水分类记账）、浮账（活期存款账）、汇兑账、存款账、放款账、各地往来总账、本埠往来总账等。现存乔家大德通票号的记事和银钱账簿就有32种之多，其划分之细、记载之完备令人惊叹。

这种复杂的簿记制度固然烦琐了一点，但的确有效防范了内部人的败德行为，光绪五年（1879年），两湖地区一笔金额为1万两银子的救灾捐银汇到祁县三晋源票号。三晋源又将这笔银子汇往太原巨兴源票号。这笔银子由该票号掌柜王鉴及伙计车跃龙、贾世源经手。他们见当时官府忙于应付赈灾事务，各种捐银捐物的登记清理交接工作也相当混乱，就合谋将这笔银子私分了。但在光绪九年（1883年）时，捐赈局清理赈灾款账目，发现这1万两银子并未入库。后来通过巨兴源的账本很快查清了事实，追回了银子。其时王鉴已去世，车跃龙、贾世源两人被处以"杖一百、徒三年"的惩罚。这件案子能迅速查清，靠的是票号中复杂而明细的簿记制度。

对于票号来说，防止诈骗和伪造是十分重要的，故票号的防伪制度也相当完善。这种制度包括用专门制作的带有水印的纸印汇票，由专门的人固定书写汇票，以及密押制。密押制就是用文字来代替数字，如用"生客多察看，斟酌而后行"这10个字代表数字1—10，用"国宝流通"代表"万千百十"，等等。例如，汇票上写"看宝察流"就是指五（看）千（宝）四（察）百（流）两 银子。而且，这些密押经常更换。晋商还制定了员工的行为准则，又称"号规"或"票规"。这些我们将在"道德、制度与约束——晋商的内部约束机制"一章中介绍。

在没有现代管理理论和先进电脑技术的条件下，晋商创造了这样一套行之有效的内部管理制度，防止了内部人的败德行为。这真令我们这些后人感到惭愧。当然，我们惭愧还有更为深层次的原因，但就技术层面而言，票号中的内部管理体制也有值得我们借鉴之处。

16

得三晋英才而经商

晋商的用人与激励机制

身股制把员工的利益与商号的整体利益联系在一起，
这是晋商成功的"秘密武器"。
这种激励机制今天仍在使用。

游山西　话晋商

山西是中华文明的发祥地之一，也曾人才济济、群星璀璨。人们熟悉的荀况、王勃、王昌龄、白居易、柳宗元、司马光、汤显祖、王实甫、罗贯中等文化巨匠都是山西人。但在明末清初最后一个文化巨匠付山先生之后，却再也没出这种顶尖的文化名人。在清代，山西甚至连一个状元也没有。山西的能人哪里去了？

原来山西的能人都经商去了。山西自古就有经商的传统，明清时晋商进入鼎盛时期。长期的经商及商人成功致富的示范效应使山西人变"学而优则仕"为"学而优则商"。但是，要让这些能人愿意进入商界并一心一意地经商，还需要有一套发现人才、培养人才和激励人才的制度。晋商正因为有这套制度才能得三晋英才而经商，并把商业做到极致。

中国有一句古话叫作"得人者昌"。这话是对国家而言的，其实对企业又何尝不是如此？晋商深知这个道理。他们在经商中总结出了几个用人原则：用乡不用亲，择优保荐，破格提拔。"用乡"是为了利用乡情加强凝聚力；"不用亲"是为了严格管理制度，尤其是指不用东家的"三爷"——少爷（儿子）、姑爷（女婿）和舅爷（小舅子）；"择优"是选择优秀人才；"保荐"是实行担保制度，所用之人必须由有一定地位的人担保，被保人的问题由保荐者负责；"破格提拔"是对优秀人才打破常规，破格任用。

电视剧《乔家大院》中有一个情节是乔致庸亲自到潼关用八抬大轿迎接从外地回来的潘为严，并诚聘他为大德恒票号的大掌柜。这是对一个真实故事的艺术加工，故事的主角是阎维藩。他在任蔚长厚票号福州分号掌柜时曾借给年轻军官恩寿10万两银子作为升官的活动经费。总号认为这笔贷款风险太大，指责阎维藩，并准备查处。不料恩寿官运亨通，不久就被任命为汉口将军，很快归还了贷款。此事也就不了了之了。但阎维藩心中不快，决心离开蔚长厚，返回家乡。乔致庸知道阎维藩是经营票号的高手，就派其子乔景仪带两班人马，用八抬大轿在通往祁县的必经之路子洪口接他。乔景仪等人在此一连住了几天，终于接到了阎维藩。回来后，乔致庸亲自设宴招待，诚聘阎维藩为大德恒票号大掌柜，并许以12厘身股（当时大掌柜身股通常为10厘），阎维藩深受感动。在他主持大德恒的26年中，大德恒每个账期每股分红达1万两银子，成为晋商中经营最好的票号之一。

晋商中像这样知人善用的故事还有不少。《乔家大院》中的马荀是一个真实人物，是乔致庸发现他的才能，并把他由一个伙计提拔为包头复字号的大掌柜。他为乔家的买卖鞠躬尽瘁，遗憾的是在四十多岁时英年早逝。

当然，像这样有特殊能力的人在晋商中也并不多。经营商业更需要的是一批有职业道德、敬业而又熟悉业务的职业经理人。这些人很难全部从"空降兵"中找，还是要自己培养。晋商有一套完整的人才培养制度——学徒制。

晋商的学徒制包括三个环节：选人、学习与实践。

当时想把子弟送入商号或票号的人很多，选人就是要从中选出有培养前途的人。选择的标准包含外在的形象与内在的素质。学徒年龄在15—20岁，身高5尺（1.7米）以上，五官端正，举止大方；懂礼貌，善珠算，有一定的文化基础，精楷书；不怕吃苦，能远行。此外，还要求家世清白，有人或铺店担保。每个学徒入号前都要经过笔

游山西　话晋商

戴这顶铁帽不合适的人不能录为学徒。
这看起来有点迷信，其实是为了拒绝那些举荐者有面子但又不合格的应聘者。

试与面试。有的店里还放一双按老掌柜的鞋码制作的铁鞋或类似的铁帽，让应试者试穿或试戴，穿不上、戴不上或不合适者不用。这看起来有点迷信，似乎脚或头与老掌柜一样大的人才能沿着他的路走下去，其实是作为一种借口，拒绝那些条件不符合但举荐者又很有面子的应试者，以保证按标准取人。

通过选拔后，新学徒择吉日进号。进号又称"请进"，表示请人才进入，其前途无量。学徒的学习时间通常为三年。第一年是为掌柜和商号干各种杂活，如打水、送茶、扫地等。其实，这一年更主要的是职业与个人道德的考察及培养。例如，掌柜在店里某个不起眼的地方放一点碎银子，如果学徒在扫地时发现后交上去，就说明其不贪财。如果没有交上去，或者是贪财，或者是扫地不认真，都会被退回。有时也将学徒送至繁华商埠,考验其能不能经得起种种诱惑。另外,也会在平常做事中观察他们的工作态度和为人处世之道。这一年的道德培训要让学徒做到"重信义,除虚伪;节情欲,敦品行;贵忠诚,鄙利己;奉博爱,薄嫉恨;幸辛苦,戒奢华"。第二年进入业务学习阶段。内容既包括文化课,如读四书五经、练书法、学蒙语或俄语;也包括业务课,如学珠算、了解商品性能、熟记银两平色、记账、写商业信函等。第三年开始实践,即根据票号的需要和个人才能被分配到不同的部门,跟着师傅边工作边学习。例如,准备从事财务的,跟账房先生学;准备做业务的,跟跑街的师傅学;等等。在商号中,从事业务活动的"跑街"是最重要的,晋商中一大批优秀的职业经理人,如马荀、高钰、贾继英、齐梦彪等都是"跑街"出身。学徒制为晋商培养了源源不断的人才。学徒制也曾是英国工业革命时期培养技术工人的重要方式。至今法国仍重视这种人才培养模式。

招聘并培养人才是重要的,但更重要的是让人才留得住,并愿意为商号的兴旺发挥自己的聪明才智。这就需要一套制度化的激励机制。在激励机制上,晋商在中国首创身股制,或称"顶身股"。

实行身股制时,员工的收入被分为两部分:一部分是对员工实行供给制,另一部分是根据身股分红。供给制又分为两块:一块是员工吃住在商号或票号内,由企业供给其生活开支;另一块是付给其养家的辛金。辛金一般为每月10—100两银子,中层员工通常为70两银子。这部分与企业业绩无关,以使员工及其家庭生活得到保证。对晋商员工来说,更重要的是身股分红。分红多少与业绩密切相关。

山西作家成一先生多年研究晋商,写出了小说《白银谷》。这部小说描写了一家名为"天成元票庄"的兴衰,其中对身股制有详尽的介绍:"'身股',又称'劳股''人力股',它与'财股'或'银股'相区别……'财股',就是东家投资于商号的资本金,'身股'则是商号的从业者,包括总经理、大掌柜直到一般伙友,他们以自己的劳绩、功绩入股。'身股'与'财股'同等,分红利时,一份身股与一份财股,所得是一样的。而且,'身股'分盈不分亏,不像'财股',亏盈都得管。但是,财股可以抽走,身股却无法带走。你一旦离号,身股也就没有了。"

从这段描述中可以看出,身股制是一种员工参与分红的制度。身股不是出资金获得的,而是根据员工在商号中工作的工龄、职务、贡献由东家给的。通常,大掌柜的身股由东家定,其他员工的身股由大掌柜定。一般最高者如大掌柜可到10厘(也有例外),其他人按职务递减,最低也有1厘以下的。学徒出师后,经过一段时间的工作方可获得身股,每3—4年的账期根据业绩调整一次身股。身股只分享利益而不分担亏损,而且人在身股在,人走身股无。

按照《白银谷》的描述,经营好的天成元票庄,四年一个账期下来,10厘(1分)股的红利常在1万两银子左右,5厘身股就有五六千两银子。所以,"拥有身股,在晋商被俗称为'顶了生意'。一个山西商人,在票号'顶了生意',无论多少,那也如儒生科考中举,跳过龙门,顶了功名一样"。小说中的"天成元票庄"当然是虚拟的,但对身股制的介绍却是真实的,是成一先生根据史料得出的结论。

晋商中的中层管理人员除供给制和辛金外,每年平均分红为1 000两银子左右。当年一个县官包括养廉银在内的全部收入也不过如此,而且还要养活自己及家人,并支付师爷的工资。这样的情况下,人们能不愿意经商吗?据学者研究,当年的1两银子约相当于今天的200元人民币(也有认为是300元人民币的),每年1 000两银子就是20万元。按今天的标准看,收入也相当高了。

身股制把员工的利益与商号的整体利益联系在一起,这是晋商成功的"秘密武器"。这种激励机制也为当时中国其他商人学习、采用并沿用至今。日本企业普遍采用的分享制(全员分红)就是由晋商的身股制演变而来的。有了这种制度,何愁不能"得三晋英才而经商"!

17

道德、制度与约束

晋商的内部约束机制

晋商利用传统儒家文化的观念
来建立自己的约束机制，
这些观念也成为晋商企业文化的核心。

人的本性是利己的。如果没有任何约束，人就会由本能驱动，自觉或不自觉地以损人利己的方式行事。一个社会或一个组织都要对其成员有某种约束，这样才能保证内部的秩序有效地运行。

企业是一个从事生产或经营的团队，有自己的目标。这种目标的实现取决于所有团队成员的尽心尽力。要让团队成员愿意为整体奉献，而且在团队内建立一种秩序，就需要激励和约束。激励和约束是一个问题的两个方面，缺一不可。晋商并不知道今天讲的不对称信息下的委托−代理关系、这种关系下的机会主义行为（或称败德行为），以及激励−约束机制。但他们却通过自己的实践，摸索出了一套适合当时中国国情的解决方法。今天的时代变了，晋商的许多做法已无法照搬，但仍给我们留下了值得借鉴的东西。

我们在上一章"得三晋英才而经商——晋商的用人与激励机制"中介绍的是激励机制，这里我们介绍晋商的约束机制。

当晋商在明初去北部边疆换盐引和清初到蒙古大草原创业时，激励和约束并不重要。一个东家雇几个伙计，而且多是自己的亲朋，赚钱仅以温饱为目的，东家的控制能力也足够强。但当商业做大、人员增加时，激励与约束就越来越重要了。尤其是进入票号业之后，所有权与经营权分离，员工每天接触的都是诱人的真金白银，没有一种有效的约束机制，如何能防止各种败德行为？

约束还有赖于激励。如果你不给员工利益，员工凭什么接受你的约束？但有了激励不一定就有约束。人的贪婪是无限的，仅仅提供利益并不能保证没有败德行为。一些官员已经有了相当高的经济与社会地位，还要贪污许多其实并不需要的钱，原因正在于这种本性。让人摆脱自己贪婪本性的不仅是激励，还有约束。晋商不仅有激励，也有约束。

任何一个社会或组织，约束都包括道德约束和制度约束。这个道理极为简单，难点在于如何从实际情况出发，找出有效的道德约束，并建立有效的制度约束。晋商的高明正在这一点上。

对于晋商来说，幸运的是可以利用中国传统文化作为道德制约的基础。说起来，中国传统文化应该包括儒、道、佛三家，但实际上自从西汉"独尊儒术"以来，儒家文化一直是中国传统文化的中心，是中国封建社会的主流意识形态。这种文化有三个有利于建立约束机制的特点。第一，强调尊卑有别的等级和服从观念。"君君、臣臣、父父、子子"是等级观念，人与人之间是不平等的。为下者服从为上者，"君叫臣死，臣不得不死；父叫子亡，子不得不亡"是天经地义的。第二，认为克制人本能中贪婪的本性是一种至高无上的道德。"存天理，灭人欲"，要灭的正是人贪婪、好色的本能；"克己复礼"，克的也是个人的贪欲。第三，把忠义作为伦理道德的核心。"人无信而不立""受人之托，忠人之事"，这些做人的基本原则都体现了"忠义"的道德。

晋商正是利用传统儒家文化的观念来建立自己的约束机制，这些观念也成为晋商企业文化的核心。晋商重视把儒家文化作为对员工进行道德教育的内容。学徒进来之后，首先要读四书五经，学习儒家文化和道德观念，其目的正是让他们以后按这个伦理道德规范行事。晋商把关公作为自己的崇拜对象，正是因为在关公身上体现了儒家的这些道德观念。晋商是极为关心员工的"政治思想工作"的，并把灌输儒家文化作为其开展"政治思想工作"的基本内容。

游山西　话晋商

井然有序的日升昌柜台的背后是道德与制度约束。

当然，仅仅有道德的约束是不行的。人性的力量太强大了，要求人人像圣人那样行事，在现实中是不可能的。道德不仅要宣传和教育，还要有制度保证。晋商不是那种道德的"说教者"，而是"务实者"。他们深知，道德说教虽然有作用，但如果没有制度，人就会成为"满口仁义道德，满肚子男盗女娼"的伪君子。他们的约束机制之所以能成功，就是因为在传统伦理道德的基础上，建立了一套在当时历史条件下有效的制度约束机制。

这种约束机制首先体现在用人的原则上。我们知道，晋商的用人原则是：德才兼备、以德为先以及"用乡不用亲"。晋商中的员工都是山西人，且以"祁太平"这一带的人为主。"不用亲"好理解，主要是为了避免家族化管理的弊病。那为什么一定要用老乡呢？晋商认为"同事贵同乡，同乡贵同心，苟同心，乃能成事"。这就是说，可以用乡情来凝聚人心。但我觉得更重要的是同乡更便于约束。当时人的活动范围有限，家族观念也甚强，每一个人的行为都要考虑到对自己家族和亲戚的影响。换句话说，家族利益是一个人行为的制约。一个票号的东家、掌柜、伙计都是老乡，如果你做了错事，被开除，受损失的不仅是个人，而且是整个家族，甚至是各种亲戚。这时违规的惩罚就极为有效。一个人败德行为的代价要由整个家族和亲戚来承受，其付出远远大于败德行为的蝇头小利。但在交通、信息不畅通的情况下，对外乡人的惩罚就不会这样有力。"用乡"实际上是一种"连坐"的约束机制。

我们在分析晋商的用人机制时介绍了招收学徒的条件，其中一点是必须有担保人。由担保人对被保人的一切行为负责，这也是一种有效的约束。让他们担保，他们就有了对被保人思想品德进行考察的责任，并自动承担了监督被保人行为的义务。有担保人，被保人又多了一层约束。这就类似于今天银行贷款制度中的担保做法。

晋商的内部是有员工行为规范的，通常称之为"铺规"或"号规"。这些规范是对员工行为的约束制度，也就是晋商常说的："家有家法，铺有铺规"。1884年，乔家的大德兴商号改为大德通票号，所定规则有三十多条。人们把有关员工行为规范的规定概括为"十不准"：到外地工作，不准携带家属，不准嫖妓宿娼，不准参与赌博，不准吸食鸦片，不准营私舞弊，不准假公济私，不准私蓄放贷，不准贪污盗窃，不准懈怠号事，不准打架斗殴。如有违反者，由本人、掌柜及保人三方当面交割开除出号，永不续用，其他各连庄分号亦不得录用。有的票号甚至有更严格的规定。比如，在员工离号休假时要搜身；员工从分号回家要先到总号报到，检查所带行李后方可回家。有的票号甚至规定不能娶外乡女子为妻，一定要娶一个带醋味的山西姑娘，否则就会被辞退。

我们注意到，这些制度有些是防范性的约束。比如，不许纳妾、嫖娼、吸毒、赌博等是担心这些行为需钱甚多，易诱发贪污或其他败德行为。有些是"连坐"性的约束。比如，不许带家属，实际上是把家属当人质扣在当地，防止员工在外的败德行为。你的家属在老家，你还敢自己携款逃跑吗？而且惩罚相当重，稍有违反就开除。在当时的条件下，丢掉了票号的"金饭碗"，这代价足以起到有效的约束作用。

按今天的眼光来看，这些规定有些不是"以人为本"的，甚至有些违背了人性。不许带家属，又不准在外地纳妾、嫖娼，三年才能回一次家，员工岂不成和尚了吗？还有些是侵犯人权的，如搜身或不许娶外乡女子等。但按当时的伦理道德，社会是可以接受的，员工又受封建伦理道德影响，也可以行之有效。这就是票号中的约束机制得以发挥作用的基础。

尽管票号中许多具体的"号规"今天已经不适用了，但它们从当时的实际情况出发，建立道德约束和制度约束的做法，思路是正确的。我们学习晋商就是要学会在今天用什么样的道德与制度约束来实现严格的管理。

民间皇城中的王家

历史最长的晋商家族

你在王家大院能看到其当年的辉煌，
但更能从其由兴至衰的历史中体会到许多人生的哲理。

游山西　话晋商

到山西一定要去乔家大院，甚至不少人是为了看乔家大院而去山西的。这是因为电影《大红灯笼高高挂》和电视剧《乔家大院》极大地提高了乔家大院的知名度，不少人认为乔家大院就是晋商大院的典型代表。其实山西这种晋商大院有很多，至少有两座大院比乔家大院更有气势，也更精美。那就是晋城市的皇城相府——《康熙字典》的主编陈廷敬家族的大院，以及晋中灵石县被称为民间皇城、中国第一大院的王家大院。

从临汾向北沿大运高速，过洪洞和霍州就来到了灵石，灵石是晋中最南端的县。王家大院就在晋中绵山脚下灵石县的静升村。这座大院的主人王家是晋商中历史最长的家族，从元代至今已有六百多年历经二十八代人。能建起这样的大院的，当然是富商之家。我们到这里旅游不仅要看大院的宏伟与精美，还要回望王家经商致富的历程。

静升村的王氏有三支："中王氏""东王氏"和"西王氏"。后来成为晋商大家族的是西王氏。西王氏始祖为元皇庆年间迁至静升村的王实。起初他以佃耕为主，逐步有了几亩薄田，成为自耕农，闲时在家做豆腐。他做的豆腐坚而不硬、嫩而不酥，加之他人如其名，童叟无欺，处世诚恳和蔼，因此生意越做越好。晋商中的许多大商人，如曹家、乔家和王家一样都是做豆腐起家，所以山西人有"要想富，做豆腐"之说。

王家的经商与大院都始于王实。据传，王实有一天外出卖豆腐路见一老人病倒于草丛中，于是背回家寻医问药，悉心照料。老人病好后又留他小住休养。有一天老人登上黄土高坡，发现静升村的九沟聚风水吉相，而且似乎听到凤凰清音起伏不绝，认定这是块风水宝地，就让王实在此建房。王实有些钱后就按老人之言在村西一棵老槐树东侧修建了两座宅居。其子孙继续扩建，成为后来的拥翠巷（人称王家巷），就是今天王家大院之始。

到第三代王家已开设豆腐坊、醋坊、油铺、粮杂货铺、典当铺、钱铺等多家商业铺店，到六世王贤时已成为"本乡富家翁"，院落向东西两个方向继续拓展。

明代是晋商驰骋天下的时代，也是王家大发展，由耕读之家转向商贾之家，成为巨商大贾的时代。明正德年间（1506—1521年），八世王可才在静升村创办"宝和楼"，经营金银器和饰品的手工制作。王家从十世起开始经营棉花、杂货和典当业。明隆庆五年（1571年），政府开放北部边疆贸易，十一世王新命和十二世王大纪、王大清等人抓住这一机会，投靠霍州皇室朱千聪，与族人、村人联手，北上县城关口，在晋京之间奔走经营，终成巨商。十三世王炳然在河北巨鹿和河南浚县创办"万丰公"粮庄。王炳然坚持"买卖不争毫厘，生意全凭信义"的理念，平常秤平斗满，灾时减价平粜，重义轻利，颇得人心，王家的买卖因此越做越大。到明末天启年间（1621—1627年），王氏家族已成一方富绅，人丁兴旺，亦成为山西第一家族。

清朝建立，海内统一，为王氏家族发展提供了良好的机会。清顺治、康熙年间十三世王兴旺与其子侄于晋、陕、蒙、豫、冀、鲁一带做粮食、牲畜生意。这时他们结交了许多达官贵人与燕赵豪杰志士，打通了北方贸易的通道，资金积累到10万两白银。康熙四年（1665年），王家建"拥翠"和"锁瑞"两巷住宅，10年后又建了义安院。

十四世王谦受、王谦和、王谦让、王正居、王谦美兄弟五人又使王家发展到一个新阶段。康熙十二年（1673年），吴三桂叛乱，王氏兄弟为政府筹集军马粮草。平定三藩后，王氏兄弟受到朝廷嘉奖，名噪京畿，资产达20万两白银。这时，王家把原来分散的宅院联成里仁、拥翠、锁瑞、钟灵、拱秀五条巷，奠定了今日王家大院的基础。这时，王家的"宝和楼"与"万丰公"生意兴隆，又有经营皮货的"广顺号"等商号，并以王家醋坊为基础制成"王家香醋"，创办"德和源""德和诚"两家商号经营，还在蓟州（今天津蓟县）开办"广顺号"，经营丝绸、布料及皮货，信誉卓著，名盛一时。

王家在富起来之后极为重视教育，办学教育子孙及乡人。从十五世王梦简开始，或正途科考，或异途捐保，或祖德荫袭，"功名磊落者代不乏人，身列儒林名登仕籍者五十余人"。从此由富商之家转向商宦之家。康熙六十一年（1723年），年过七旬的王谦受奉旨以京畿富绅的身份参加"千叟宴"，并受御赐龙头拐杖一把。

乾隆时期，王氏十五世王梦鹏兄弟、十六世王生炳兄弟、十七世王如玑兄弟、十八世王世泰兄弟，在直隶、山东各地开当铺、办钱庄，实现了家族财产滚雪球式的发展，并向利润丰厚的盐茶贸易转移。到乾隆后期，王家为鹾务（盐务）、为领运（贩运）者不一其中，如十六世王中极等为子孙谋求到了签发盐茶专卖证书的官员；十七世王凤山任甘肃凉州庄浪茶马同知，王纳任山东盐运司滨东分司运同；十八世王世泰尝领河东盐务（运城盐务），王锡蒲任甘肃宁州知州兼平凉盐茶同知，王臣敬任长节盐运司天津分司运同；二十世王鸿渐任两淮盐运司；等等。这些官职品级并不高，但为王家从事盐茶贸易提供了方便，实现了官商结合。当时王家的经商范围遍布于长城内外、大江南北，直至闽粤沿海和云贵高原。

在经商致富的过程中，王家大院也在不断扩张。乾隆四年（1739

年），王家在东山梁上建立恒贞堡（红门堡），有院落88处，房屋近800间。乾隆十三年（1748年）向南扩建凝固下堡，乾隆十八年（1753年）在村南建"和义""拱板"两堡，乾隆末年建成铁门院。嘉庆元年（1796年），又在高家崖动工，16年后建成"视履堡"，总面积近30亩，大小院落35座，房屋342间。王氏历经140年，建成了今天宏伟的王家大院，总面积达25万平方米。院内有郑板桥、祁寯藻、孙嘉淦、史梅珏、梁诗正等名人达官的题字。在清乾隆、嘉庆年间，王氏家族达到了顶峰。

道光之后，王氏家族在十八世、十九世之后走向衰落。尽管也有短暂的复兴及在历史上值得注意的人物（从道光到光绪年间仍有31个进士、1个举人），但总体走向衰亡。其间的原因一是外部环境的变化，鸦片战争和太平天国运动都对王家的经商活动有不小的打击。但更重要的是长期的富有使后世子孙成为纨绔子弟，奢侈成性，坐吃山空，无度挥霍，甚至个别还沦为盗贼。王氏子孙沿街乞讨者有，卖儿卖女者有，出卖祖院者也有。1937年，卢沟桥事变后，王氏家族二十一世王钦让卖掉静升本地、晋南、晋中、石家庄、保定及京津一带的多家商号，举家南迁到四川，只留族人王修敬看管红门堡内的新宅院。一代富商就这样随风而去了。

你在王家大院能看到其当年的辉煌，但更能从其由兴至衰的历史中体会到许多人生的哲理。

19

关公是个符号

晋商的企业文化

晋商对关公的崇拜不仅是一种仪式,
而且是把关公作为一个符号,
一个代表他们企业文化的符号。

游山西　话晋商

在历代的中国名人中,似乎没有一个人比关公受到的崇敬更高,也没有一个人的"粉丝"比关公更多了。在世界上每一个地方的几乎每一家华人店铺,都可以看到供奉的关公像。关公受到人们或真或假的顶礼膜拜。到了运城,你一定要去看一看关帝庙。

运城附近的关帝庙主要有两处:一处是常平关帝庙(或称关公祖祠),位于运城市西南25公里的常平乡常平村;另一处是解州关帝庙,地处解州镇西关。解州关帝庙始建于隋开皇九年(589年),宋、明时期都有扩建和重修,清康熙四十一年(1702年)毁于大火,后修复。

分布在全世界的关帝庙远远多于孔庙,看来对"武财神"的崇拜还是高于"文圣公"的。但要真正求财神,还是要到这座规模最大、保存最完整的关公故里的关帝庙(也许一路叩头爬过来更灵,求财心切的朋友不妨试一试)。

庙以人名。要知道关帝庙为什么这么红火,先要简单了解一下关公。我们很多人都是从山西文学家罗贯中的小说《三国演义》中知道关公的。在小说中,关公名羽,字云长,是一位忠义两全的将军。这是经过艺术化处理的关公,而不是真实的关公。历史上真实的关公并不姓关,也不是名羽、字云长。关公本姓冯,名贤,字寿长,出生于运城的解州镇常平村。他以打铁为生,武艺高强,好打抱不平。当时那一带有一个外号叫"解州虎"的恶霸吕熊,想霸占民女为妾,被冯贤打死。冯贤因此只好离家逃走,到潼关时,指关为姓,混出关去。

以后他就以关羽为名。

关羽以一武将而成为神，受到推崇的关键在于《三国演义》所描写的他的行为体现了中国传统文化中"忠义"的美德。所以说，"头顶一个义，一介武夫成了神"。以关羽为形象宣传"忠义"的思想，有利于维护封建社会"尊卑贵贱"的社会秩序，也可以培养人们诚信的美德。随着历史的发展，关公的地位不断上升。宋元时期，关公被尊为"真君""武圣"。到了明清两代，关公被封为"忠义神武大帝""协天大帝"，已上升到至高无上的"帝"的地位了。关帝庙也升格为"武庙"，与孔子的"文庙"同级。

到常平村，还应该去看全国唯一的关公祖祠。这里原来是关公的故宅。关公逃走后，其父母投井而亡。后人为纪念他们，在井上建造了七层砖塔。隋代时为关氏建立家庙，金代时关氏家庙成为有相当规模的庙宇，现在我们所看到的殿宇多为清代所建。

如今，每年到关帝庙和关帝祖祠的游人有上百万。他们到这里，主要不是为了看风景，或者是阅读《三国演义》之后的心血来潮，而是把关公作为"财神"，祈求关老爷保佑他们发财。他们来拜关公有强烈的功利心——发财，我称之为假顶礼膜拜。到这里来的几乎全是华人，尤其是东南亚和我国港澳台地区的。咱们华人的一个毛病就是拜神的功利心太强，如拜观音是为了生儿子，拜关公是为了发财，甚至向神许个愿都是具体的（如年内官位升一级等）。灵验了，还要还愿，有点与神等价交换双赢的意思。这不像外国人，他们是出于一种信仰，至多要求神抽象地"保佑"一下。

拜关公的动机这么明确，态度也格外毕恭毕敬，只怕得罪了神，反而弄巧成拙。如果你想买一尊关公像回去敬奉，绝不能说"买"，而要说"请"。卖主也不言价，随买主给，甚至理论上讲不给钱也可

遍及各地的关帝庙成为晋商的精神支柱。关公的忠义是大度而不是"抠门"。

以。当然，出于对关公的敬，花钱才灵，花大钱则大灵，买的人通常给的钱很多。买的人是否发财是以后的事，卖的人倒是立竿见影地发财了。

关公什么时候、如何成了财神，我没有考证过。但我想，这与发了财的晋商对关公的崇拜是有关的。最早把关公作为财神来崇拜的应该是山西商人。在他们的商号、票号，以及遍及全国的会馆中，关公像是必供的。过年时，山西商人不仅要祭祖，祭他们祖先创业用过的扁担、菜筐或小石磨，还要祭关公。他们在关公像前发誓，也在关公像前反思或忏悔。晋商对关公的崇拜不仅是一种仪式，而且是把关公作为一个符号，一个代表他们企业文化的符号。

19 关公是个符号

晋商的企业文化是什么？为什么用关公来代表？

有人说，三流的企业靠能人，二流的企业靠制度，一流的企业靠文化。这话也许绝对了一点，做好一个企业，能人、制度和文化其实都是不可缺少的。但是，文化在企业中的确有不可替代的作用。成功的企业都有自己特定的企业文化。晋商中有能人，有制度，更有代代相传的文化。这种文化的核心是诚信。

诚信是商业成功的基石。这一点晋商早就知道，而且身体力行。晋商的鼻祖计然在总结经商经验的"积著之理"时就把守信作为一条基本原则。明代山西商人王现把经商的经验概括为"以义制利"，留给子孙。《乔家大院》中乔致庸把经商的原则概括为"义、信、利"。无论乔致庸是否真的说过这个话，他的确是按这个思想去做事的。总之，晋商的历史和故事中有大量守信用的事例。在整个社会商业并不发达、还没有建立高层次的由制度保证的诚信体系之前，以诚信为中心的企业文化作为一种道德约束产生作用，对晋商的成功至关重要。

为什么诚信对晋商如此重要？

晋商的诚信其实包括了两项内容。一是在企业内部，员工对东家、下级对上级的忠诚。所谓"受人之托，忠人之事"就是诚信的中心。二是在企业外部，企业对客户的忠诚。"重合同、守信用，一诺千金"，以诚对客户。晋商企业的制度和业务特点决定了诚信的重要性。

晋商在几百年的发展过程中形成了一套有效的企业制度，其核心是所有权和经营权的分离。所有者被称为东家，他在选择了大掌柜之后实行全面授权经营。也就是说，东家把一切经营管理大权都交给大掌柜，自己除了主持每个账期一次的分红之外，什么都不管，甚至连店里都不去。这种制度的一个内在致命缺陷是，东家和大掌柜之间的权责利并不一致。东家承担无限风险，大掌柜有权、有利，但不承担任何风险。这种体制下,企业的有效运行取决于大掌柜对东家的忠心,严守"受人之托,忠人之事"的道德规范。如果缺了这一点,就无法制止大掌柜的败德行为。这就要求大掌柜像关公忠于刘备那样忠于东家。于是,把关公作为榜样,用关公的忠义来规范大掌柜的行为就为晋商成功的基本保证。

对客户的忠诚是晋商的特殊业务所要求的。晋商所从事的票号业是一个特殊行业,清朝在1906年才有了《银行法》,在此之前,票号的设立不用报批、备案,甚至不用交税。票号对客户的承诺并没有法律上的保证,客户把真金白银交给票号,换到的是一张汇票。客户的汇票能否再兑现为真金白银就取决于票号的信用。如果没有对客户的诚信,做到"见票即付",谁敢把真金白银交给票号呢?票号又哪会

关公以一介武夫而成了神,是因为他的行为体现了中国文化中的忠义精神。

有业务呢？在太平天国运动和八国联军侵华的动荡年代，票号损失惨重。尽管分号的银两、财产、账本被抢，但票号仍然坚持见票即付。东家把自己多年窖藏的银子支付给客户。正是这种诚信的做法，赢得了客户的信任，才有了动荡之后更迅速的发展。票号业务的特殊性决定了诚信的企业文化对它比对其他行业的企业更重要。

作为企业的价值观，企业文化指导着每一个员工的行为。这就要求企业把企业文化的核心价值观融入员工的血液里。企业文化不会自发产生，而要靠教育和灌输。这就需要一个代表这种企业文化的外在符号。关公是山西人，又是历史上忠义的代表，把关公作为晋商企业文化的符号是再合适不过的了。摆放关公像，祭祀关公，都是晋商对员工进行企业文化教育的活动。

如今不少人请关公像、拜关公，只想关公保佑他们发财。但如果没有关公的诚信，财由何而来呢？游关公庙不应该只是旅游，而应该接受一次诚信教育。了解崇拜关公的意义，理解关公代表着什么，并身体力行地去做，那么不用请关公像，财源也会滚滚而来。到那时你想挡住财运都挡不住。

20

慈禧住进大德通

晋商与官本位

大德通是商号,
其一切行为的出发点都是利润最大化。
它不惜重金接待慈禧,
绝不仅仅是出于对皇权的崇拜,
而是有商业目的。

1900年阴历八月初十，大清帝国的实际统治者慈禧太后和名义统治者光绪皇帝走进了祁县大德通票号的大门。

慈禧和光绪是在八国联军攻陷北京，仓皇向西逃跑时路过山西的。为什么慈禧和光绪的住宿不是由山西巡抚安排住在官府，而是住进了一家私人大院？乔家的大德通为什么有此荣幸，能接待这两位最高规格的客人？这一切告诉了我们什么？

事实上，这一切都是由跟随帝后西行的内阁学士桂春安排的。当决定这次行程之后，桂春就写了一封密信给他的好朋友高钰："銮舆定于初八日启程，路至祁县，特此奉闻，拟到时趋叩不尽。"高钰是乔家大德通票号的大掌柜，早就希望有机会与帝国最高统治者接上关系。这次绝对是天赐良缘的好机会。于是，高钰做了他一生中收益最高的一次投资。他把大德通大加装饰一番，作为帝后的行宫，而且还借给行囊羞涩的慈禧一行30万两银子。

大德通是商号，其一切行为的出发点都是利润最大化。它们不惜重金接待慈禧绝不仅仅出于对皇权的崇拜，而是有商业目的的。这是因为在封建社会中，朝廷控制着全国的资源，"普天之下，莫非王土"。如果你要故作"清高"，远离官场，就永远只能是一个朝不保夕的小商人。如果你想成为叱咤风云的巨商大贾，就一定要结交官府，借助于权力。"有了权就有了一切"，自己没有权，起码要借用别人的权才能有一切。晋商是明白这个道理的。

其实晋商是最纯粹的商人，不像徽商那样经着商想着仕。也许他

20 慈禧住进大德通

大清帝国的最高统治者住进大德通，这不仅是乔家的荣幸，也是乔家的商机。

们的心中对官场还有某种恐惧。明代山西人当官，并在《明史》中有传者共112人。其中，被诛杀、抄家、灭族者10人，自杀者17人，战死者17人，下狱流放者20人，削职为民者23人，贬官者14人，只有11人善始善终，仅占10%而已。作为晋商，恐怕多少耳闻过这些血淋淋的事实。他们之所以甘当纯粹的商人，恐怕与此也有点关系。

但是，中国传统社会是一个"官本位"的社会。无论你多么怕官、恨官，还是离不了官。晋商关上门可以以当商人为荣，但走到社会上无论多有钱的商人也比官员低一等。你坐的轿子、穿的衣服不能像官员一样，见了官员还要叩头。求得与官员形式上的平等正是许多晋商有钱后买个官职的原因。当然，作为中国人，他们心中不可能没有当官才能光宗耀祖的观念，给死去的先辈买官正是出于这种观念。

但是，仅仅捐个虚职的官并不能获得朝廷在商业活动上的支持，还要与官府有利益相关、荣辱与共的关系。建立这种关系有两条路：一是一个家庭或家族中既有人当官又有人经商，实现以血缘为纽带的官商一体。山西明代的张、王两家以及徽商的大富豪都是这样的。但清代之后，晋商大户大都白手起家，家中也少有中举入仕者，所以就走了另一条路，即与官员结成极为密切的关系。帮助大德通实现接待慈禧愿望的内阁学士桂春正是这家票号大掌柜高钰的"铁哥们"。不是"铁哥们"，哪能告知慈禧西行这种绝密大事？当山西巡抚都不知道圣驾即将亲临时，大德通的准备工作已经开始了。

高钰不仅是一位出色的大掌柜，也是一位公关高手。他不仅与桂春私交甚深，而且在官场人脉极好，是许多高官的知己。与高钰交往最深的是曾任山西巡抚的赵尔巽（清亡后出任《清史稿》主编）。而且，赵出任四川巡抚，高就跟去了成都；赵出任黑龙江将军，高也跟到了黑龙江；赵回到京城，高也回到京城。大德通票号和高钰交往甚深的官员还有曾任山西巡抚的岑春煊、丁宝铨与九门提督马玉琨。当然，还有之前说过的内阁学士桂春。

在山西票号中结交官府的不仅仅是大德通，其他各票号也都有自己的官员朋友。乔家的另一个票号大德恒（大掌柜为阎维藩）与湖广总督端方关系甚密，端方曾在大德恒东家乔家居住。合盛元票号汉口经理史锦刚是湖广总督瑞澂的干儿子，总督府差役不敢称其名，只称其为"三少"。蔚泰厚票号与江苏地方官吏王锡九等人甚有交情。蔚丰厚票号与甘肃提督董福祥交情甚厚，蔚丰厚派人在迪化（今乌鲁木齐）设分号，经汇和收存董福祥部的军饷。蔚盛长票号交结庆亲王。百川通票号与张之洞的关系甚为密切。张之洞任两广总督时，百川通广州分号的掌柜邢象宾是张府常客。协同庆票号亦与张之洞甚好。三晋源票号交结岑春煊。日升昌票号交结历任粤海关监督、庆亲王、伦贝子和总理各

20　慈禧住进大德通

《山西票庄考略》是研究票号的早期著作，对晋商的官商勾结有所介绍。

国事务衙门大臣等达官贵人。

票号的人在官府有多大权威呢？袁世凯当年未进入最高领导层时想拜见李鸿章，但苦于无门路，是三晋源票号掌柜精心安排，他才得以在票号账房中拜见李鸿章的。

燕京大学社会学教授陈其田在1937年所写的《山西票庄考略》中就注意到了这一点。他指出："票庄与官僚的私下交结，更多趣闻。""在京的几个大的票庄，拉拢王公大臣，在外省不啻为督抚的司库。"

官商结合是双方的相互需要。从官员来看，于"公"而言，库里的银子要找个可靠的地方存放，要由票号代办京饷的汇兑。当地方财政困难，尤其是不能按时向户部上交京饷时，需要向票号借贷。于"私"而言，他们的收入不足以应付官场的各种开支，尤其是谋取更高官职的活动经费；有各种非法收入亦可存入票号，通过票号调度使用。票号严格为他们保密，即使被抄家，这些银子也不会损失。而且，通常是商人巴结官员。不用破费什么就可以交结票号、富商，有百利而无一弊，何乐而不为呢？

商人交结官员尽管有支出，但收益更大。有了官员的支持，给予各种优惠，票号生意会做得更大。先讲两个例子：一是张之洞在从山西调任两广总督时，急需10万两银子，百川通给予支持。张之洞上任后就为百川通在广州扩大业务提供了良好条件，并让百川通代办官饷汇兑之事。二是协同庆北京分号掌柜张治达有一次见旗人穆某面有忧色，闲谈中知道穆要活动福建将军一职，缺6万两银子。张答应由协同庆垫支。不久穆某如愿，上任后告诉下属："平遥协同庆资本雄厚，信用昭著，以后公私款项尽存该号。"同时，还给张50万两银子让其独立开票号。张感恩于协同庆不愿离开，就把这笔银子作为"浮存"（活期存款）存在协同庆。

官员对票号的帮助最主要的还在于支持票号汇兑官饷。清代规定官饷要用银鞘解运。在太平天国运动后，各省要求汇兑，但许多大臣一直以维护"祖制"为名，反对把官饷交私人汇兑。朝廷为此曾发生过多次争论。与票号相交甚好的官员都坚决支持汇兑。同治元年（1862年），朝廷曾允许票号汇兑官饷，但仅仅一年后由于保守派的反对，又停止了。在朝廷上为官饷汇兑呐喊的就是张之洞、端方、岑春煊这些封疆大吏。而且，尽管朝廷又令禁止，但与票号甚好的地方官员仍用汇兑。

票号汇兑官饷数量甚大。同治六年（1867年）汇兑455万两，同治十一年（1872年）汇兑301万两，光绪三年（1877年）汇兑292万两，光绪十七年（1891年）汇兑533万两，光绪三十二年（1906年）汇兑2 256万两，就连清朝灭亡的宣统三年（1911年）还汇兑了533万两。想一想，这里该有多大的利益？如果没有官员的全力支持，票号很难做到这一点。

  慈禧住进大德通,晋商有了回报。慈禧回銮后,不仅同意票号可以汇兑官饷,而且把《辛丑条约》中规定的赔款本息共10亿两银子交由票号汇兑。各省每年把应交赔款交给票号,由票号再汇给汇丰银行。1900—1910年是票号的极盛时期,这种极盛形成的原因则是官饷和赔款的汇兑。慈禧还把办大清银行的事交给票号,可惜山西人没有抓住这个机会。当然,票号对清政府的依赖也成为票号灭亡的原因之一。在清亡之前,各级政府已欠票号700万两银子。清亡后,民国政府不承认,也不肯偿还这笔债务。票号还能经营下去吗?

  在权力决定一切的官本位社会中,官商结合是必然的。商人利用官员的权力致富,成本是最低的,这是一个特定时代的必然现象,我们很难用"好"或"坏"来评价。宽容地看待历史吧!

21

九米斗室中的"阶级斗争"

日升昌票号的"雷毛之争"

"雷毛之争"的结果是,
不仅日升昌没受到多大损失,
还出现了"蔚字五联号",
晋商票号作为一个整体做大做强了。

走进日升昌的大院，能够看到一个分为前后两院的正院。连接前后院的是票号用来接待大客户的南北两厅。东西各有一间不足9平方米的斗室。别看这两间屋子不大，它却是整个日升昌的枢纽。东边是日升昌大掌柜雷履泰的办公室兼卧室，西边是二掌柜毛鸿翙的办公室兼卧室。他们正是在这两间不起眼的斗室中运筹帷幄，决胜千里，调动着十几万甚至几十万两银子，左右着当年的金融界。在今天看来平静安宁的斗室当年并不平静，影响整个票号业的日升昌票号的"雷毛之争"正发生在这里。

雷履泰是日升昌的第一功臣，是他看准并抓住了银两汇兑这个商机，并建议东家李大全把西裕成颜料铺改为日升昌票号，开创了晋商历史上一段最辉煌的事业。他有资格担任日升昌的第一任大掌柜。毛鸿翙在山西商号以经营才能著称，尽管小雷履泰17岁，但出任第一任二掌柜。如果他们能精诚合作，日升昌会做得更大，也会给商界留下一段佳话。可惜"如果"并不是现实，正应了一句俗话，"一山不容二虎"。

当时票号实行"东家全权授权的两权分离制"。这就是说，东家在选定一位大掌柜之后就把所有的经营管理权完全交给他。除了主持票号每3—4年一次的账期分红之外，不再过问票号的大小事情。票号中的大小事情，包括内部管理、人员任命、分号设立、资金调动、对外经营等，完全由作为职业经理人的大掌柜说了算。这就相当于我们今天所说的所有权与经营权的两权分离。

雷履泰十多岁时就进入西裕成当伙计，机灵能干，深得东家的赏识和赞许,二十多岁就被破格提拔进入管理层,不到五十岁就成为西裕成的大掌柜。他对东家有知遇之恩,加之又熟悉票号业务,在日升昌管理严格,经营有方,使日升昌得到迅速发展。

雷履泰虽然不是东家,但把日升昌作为自己的事业来做。在他看来,日升昌是自己一手创建的,又是自己使其汇兑和其他业务蒸蒸日上的。像雷履泰这样的强人都有独裁的偏好,容不得别人对他的权威形成挑战。日升昌的大小事情都要经他同意,一切以他的意志为转移。为了巩固自己的绝对权威,他安排的管理人员都是自己的亲信。尤其是派往外地分号的掌柜等高层管理人员,更是他的心腹,对他忠心耿耿、唯命是从。其权势远高于东家李箴视(李大全的儿子)。雷履泰成了日升昌的"红太阳"。

如果毛鸿翙是个才不过中人的管理者,甘当配角,雷履泰如何独裁就都无所谓了。可惜毛鸿翙绝非等闲之辈。毛鸿翙早年在平遥"聚财源"粮油店当伙计。有一次,他被派到外地购油,但油早已被订购一空。于是,他订下了当地所有装油的油篓,逼的那些订油的人用油换油篓。毛鸿翙的这种经营天分在当地广为流传,这才被西裕成的东家招进来。

毛鸿翙这样的人自然不会甘当雷履泰的走卒,也无法忍受雷履泰的专权。他在日升昌是想大干一场的,但处处受到雷履泰的压制。尤其是在经营方针上,他们更是针尖对麦芒。雷履泰年长一些,追求稳妥与谨慎,而毛鸿翙年轻,更追求开拓与扩张。他看到票号业的大好前景,主张迅速向大江南北扩张。但在雷履泰大权独揽、小权也不放的情况下,毛鸿翙根本无法大展宏图,因此心中的不满日益加剧。雷履泰容不下毛鸿翙,也知道毛对他的不满,两个人的矛盾日益加剧。他们之间的矛盾、冲突早已是"山雨欲来风满楼",一场争权的"阶

雷履泰与毛鸿翙的争斗甚至影响了票号业的发展，从这个雷履泰的蜡像中能看出他好斗吗？

级斗争"迟早是要爆发的。

终于，毛鸿翙发起攻势夺权的机会到来了。有一次，雷履泰大病一场，但还坚持住在那间9平方米的斗室中指挥日升昌的经营活动。毛鸿翙利用东家李箴视对雷履泰的专权也有些不满的情绪，建议李箴视劝雷履泰回家休养，等病好以后再回来。李箴视接受了这个建议。

雷履泰久经商场，这种小把戏哪能瞒得了他。他敏锐地察觉到，这是毛鸿翙夺权的信号，如果回去恐怕日后再没有他回来掌权的机会。但东家的好意无法拒绝，于是只好回去养病。不过，这不是他承认失败，而是准备有力地回击。

雷履泰离开后，毛鸿翙临时接管了大掌柜的权力，准备按自己的思路大干一场。不过他毕竟还是嫩了一点，高兴得太早了。他没有想到雷履泰的反击那样有力，简直是毁灭性的打击。

有一次，李箴视去探望雷履泰，意外地发现书桌上放着雷履泰写给外地分号的信，让这些分号全部撤回。李箴视大惊失色，急忙问雷履泰这是怎么回事。雷履泰回答，日升昌是东家办的，但各地分号是我开设的。现在我不管事了，得让各分号先撤回对你有个交代，你以后再重设立。李箴视并不了解票号业务，手下也没有一帮能干的伙计。他知道各分号都是雷履泰的人，如果分号全部撤回来，日升昌无法经营汇兑，实际上就等于倒闭了。李箴视苦苦哀求雷高抬贵手，甚至下跪到深夜。雷履泰最后答应暂时不动分号，但仍不合作，病好了也不回去上班。李箴视无奈，只好每天让人送酒席一桌、银子50两。毛鸿翙终于明白，现在他还代替不了雷履泰，李箴视在权衡利弊之后还是会放弃他。不赶走他，雷履泰绝不会罢休。毛鸿翙只好承认他在这场"阶级斗争"中的失败，辞职而去。

介休城内经营绸缎的富商侯兴域早就想进入票号业，只是苦于没有人才。听到毛鸿翙离开日升昌的消息，真是大喜过望。他亲自上门探望毛鸿翙，以优厚的条件请他出山效力。毛鸿翙马上答应了，他要在这里实现在日升昌没有实现的宏图。在毛鸿翙的主持下，道光十四年（1834年）侯家原来的"蔚泰厚"绸缎铺改为票号，由毛鸿翙出任大掌柜。以后，侯家又把蔚丰厚、新泰厚、蔚盛长、天成亨都改为票号，成为有连锁性质的"蔚字五联号"，后来在票号业中也创造出了辉煌的业绩。

毛鸿翙离开日升昌并不是这场"阶级斗争"的结束，斗争还在他们两个人和他们所主持的票号之间进行。毛鸿翙想把日升昌搞垮，使雷履泰身败名裂。他先以高薪把日升昌的业务骨干郝名扬和闫永安拉到自己这里，然后又处处和日升昌作对。日升昌的分号开到哪里，"蔚字五联号"也开到哪里。而且又利用原有的各种关系拉走日升昌的客户。在这个过程中，"蔚字五联号"做大了。

雷履泰当然也不是省油的灯。他给各分号写信，贬低毛鸿翙及离开他的人的人格，还利用自己在票号界的威望与地位，阻止蔚泰厚业务的发展。当他得知蔚泰厚要在苏州开设分号时，就命令日升昌苏州分号不惜一切代价让蔚泰厚站不住脚。日升昌苏州分号拼命降低汇费吸引客户，最终蔚泰厚苏州分号一笔业务也没做成，只好无功而返。当然，这些做法并无法阻止整个"蔚字五联号"的发展，无非是雷履泰盛怒之下失去理智的非理性竞争而已，他自己也遭受了损失。

他们俩不仅在票号业中斗，还玩点无聊的相互攻击。雷履泰给自己不太争气的儿子取名为雷鸿翙，毛鸿翙就给自己的孙子取名为毛履泰。这种做法真有点失去君子风范了。

"雷毛之争"有经营思想上的分歧，也有个性上的缺点。这种"阶级斗争"不仅当时有，现代中外企业都有，而且将来还会有。人类本性的缺点是权力欲，即使是再伟大的人物也在所难免。为权力而争斗不算什么了不起的事，我们今天也不该过多指责他们二位。他们无论有多少缺点，都是晋商中不可多得的优秀职业经理人。

这场"阶级斗争"的结果是，不仅日升昌的业务没有受到多大损失，而且出现了"蔚字五联号"，晋商票号作为一个整体做大做强了。这就是我们所说的竞争是发展的动力，或者坏事可以变为好事吧！

22

危机与机遇

社会动荡中的晋商票号

当晋商自身强大时,可以把危机变为机遇;
而当晋商内部问题重重时,
社会动荡就会变成
"压倒骆驼的最后一根稻草"。

游山西　话晋商

余秋雨先生在《抱愧山西》中说:"我认为,是上个世纪中叶以来连续不断的激进主义的暴力冲撞,一次次阻断了中国经济自然演进的路程,最终摧毁了山西商人。"

这话的确有正确之处。起义引发了社会动荡,这种社会动荡给社会经济带来了负面影响。在19世纪以来的历次社会动荡中,晋商都深受其害。但这话也不完全对。"最终摧毁了山西商人"的并不是这些动荡,而是山西商人自己。而且,社会动荡也为晋商的发展提供了新的机遇。当晋商自身强大时,可以把危机变为机遇,实现更大的发展。只有当晋商内部问题重重时,社会动荡才变成"压倒骆驼的最后一根稻草"。

我们从19世纪中叶的太平天国起义和第二次鸦片战争说起。这在晋商历史上被称为"两次撤庄风潮"。

19世纪20年代,票号问世后得到迅速发展。到道光三十二年(1852年)前后,已由一家发展到十一家,由平遥一县发展到三县,形成票号中实力最强的"祁太平帮"。其业务也由北京和山西总号发展到全国各地,在二十三个城市设立了分支机构,称为分号或分庄。真是形势一片大好。

道光三十年腊月初十(1850年1月11日),洪秀全在广西发动了太平天国起义。起义军最早在广西这一带的边远地区活动,对社会经济的影响并不大。对全国经济产生破坏性影响是从咸丰二年末和三年初(1852—1853年)太平军占领湖北武昌府和汉阳府开始的。在汉口,太平军与清军展开激烈的拉锯战，时间长达四年之久。太平军退出武昌、汉口、黄冈三府后又沿长江而下，占领安徽、江苏等地的许多城市，并在南京建都。接着又起兵北伐，由安徽、河南、山西进军直隶，威逼京津地区。

太平军路过，并与清军激战过的地方正是中国最富庶的地区，也是晋商票号迅速发展的地区。战争必然给当地经济和晋商带来沉重的打击。在汉口，工商业者逃散，城市建筑被摧毁，著名的山陕会馆成为一片废墟，汉口乃至湖北全省当铺荡然无存。安徽建德县的尧渡镇典铺鼎峙，战争过后荡然无存。直隶交河县13座当铺在咸丰三年后一律歇闭。太平军逼近苏州时，店铺相继倒闭，占领苏州后，外省大商富贾和票号纷纷撤离，苏州与各地的经济联系中断。

刚刚进入快速发展轨道的晋商票号面对这种局面，只能收缩战线。这就是历史上山西票号的第一次撤庄风潮。

在太平天国攻势之下，北京工商人士焦虑不安，纷纷收缩业务。山西人开的账局和票号开始收还存贷款，收本止账不放。所有在京富商都提本还乡，他们开设的铺号大半关闭。

天津是北方重要的港口，票号发展的早期就在此设立了分号。这时账局、票号多半停歇，商人借贷无门。

汉口是清中叶四大市场之一。早在19世纪20年代，票号就进入汉口。汉口是每家票号必去设分号的城镇，票号家数之多，超过所有设分号的城镇。晋商票号在这个金融市场上居于主导地位。太平军攻打到这里时，票号就在各重要据点收缩业务，撤出资本，并把总管理处撤往上海。汉口是票号第一次撤庄风潮中最早撤庄的几个城市之一。

苏州也是清代四大市场之一，商贾云集，富甲天下。苏州的繁荣，"全赖外省富商大贾，挟资而来，经营贸易"。这里也吸引了晋商票号。道光十年（1827年），苏州已有几家票号。但当太平军向江南进军后，票号陆续从苏州撤庄，迁往上海。

此外，票号的其他一些重要基地，如安徽的屯溪、河口等地也陆续撤庄。而且在屯溪，自从这次撤庄之后，票号就再也没回去。

这次撤庄风潮是票号发展史上所遭受的第一次挫折。

太平军引发的风波尚未消除，外患又来了。咸丰六年（1856年），英国趁清政府镇压太平军之际，借口"亚罗号事件"，发动了第二次鸦片战争。法国也以"马神甫事件"为借口，协同英军侵略中国。英军先进犯珠江内河，并一度占领广州城。接着，英法联军又驶军舰北上，闯入白河，炮轰大沽炮台。在清政府与他们签订《天津条约》之后，他们又以"换约"为名占领天津，攻入北京，烧毁圆明园，咸丰皇帝逃到承德避暑山庄。

这次外国侵略者发动的不义战争对中国的工商业和金融业打击甚大，也引起票号的第二次撤庄风潮。在这次风潮中，先后收撤过分号的城镇在12个以上，占省外设分号城镇的52%以上。

第二次鸦片战争，京津所受的影响最大，政治混乱，经济无法正常运行。清政府内外交困，财政困难，滥发宝钞，铸大钱，铸铁钱，引起物价飞涨，民不聊生，城内偷盗和抢劫之风盛行。在这种情况下，票号紧急撤庄，不仅撤了京津的分号，还撤了与北京联系紧密的张家口的分号。

这是票号短期内经受的第二次挫折。

票号的撤庄不仅影响自身的发展，而且对当地工商业、典当业和人民生活都有严重影响。汉口的票号业是对外经济联系的纽带，票号撤庄后，埠际经济来往严重受挫，银号在短期内完全垮台，只留下了一些小钱铺。北京票号撤庄后，银两被带回原省，钱铺和当铺都不营业，百姓生活艰难。这种状况持续了大约一年的时间。天津的票号撤庄不仅使经济更加萧条，民不聊生，而且还直接影响了长芦的盐业，所运之盐不及往年的十分之四。

危机对弱者而言是致命的打击，但对于强者却也是机遇。正在成长期的票号在这两次挫折之后进入了发展的新阶段。

这首先在于，一方面通汇的地区减少了，另一方面资本实现了相对集中，汇兑额只略有下降。1852年，日新中票号的北京分号可向全国12个城市通汇。1853年，日升昌清江浦分号可向12个城市通汇。但以后它们都减少为4—6个。通汇城镇减少了一半，但汇兑总额只减少了不到十分之一。

其次，票号撤建并举，实现了两个转移。一是由交通枢纽向边远城镇转移，二是由中心城市向沿海新兴工业城市转移。在这些年中，尽管有票号倒闭，但总的数量还是增加的。1852年有票号11家，1861年增加为14家。后来很有名的协同庆、百川通都是这时建立的。这时票号的总号发展为28家，在全国沿海、边远、内陆的六七十个城镇都有了分号，同时也出现了浙江和云南商人开的"南帮票号"。晋商票号在云南、贵州、广西、甘肃、归绥、吉林等边远地区得到发展，并向上海这样的新兴工业城市转移。

最后，也是最重要的就是票号开始承兑原来不准票号进入的官饷汇兑，参与国家的财政金融活动。官饷包括"京饷"和"协饷"，"京饷"是各省交给中央的银款，"协饷"是中央给财政不足省份的拨款。过去，这些都由官府直接交运，不许商人插手。但社会动乱，交通不便，同时各省财政困难，无法按时运去京饷。咸丰十一年（1861年），各省应解京饷700万两白银，户部仅收到100余万两，尚欠500余万两。这样，朝廷不得不改变祖制。同治元年（1862年），朝廷准户部所请，令各省督抚将京饷觅殷实票号设法汇兑。当然这仅仅是权宜之计，只存在了一年左右的时间。1863年朝廷又下令禁止汇兑官饷，但实际上一直是禁而不止。

承办官饷是票号发展史上的一次飞跃。票号可以从这种汇兑中"剥下两张皮"：一张是收汇费；另一张是当地方财政困难时，由票号垫支（等于政府借款），又收利息。这就为票号参与国家财政金融活动创造了有利条件，后来官饷的汇兑要远远大于私人银钱的汇兑。

能否把危机变为机遇取决于自身。票号做到了这一点，说明它本身具有旺盛的生命力，也反映了晋商的应变能力。余秋雨之言，只知其一，不知其二。

23

风雨飘摇中的挣扎

票号业的苦难经历

在今天看来,
晋商的票号业是极其辉煌的。
但很少有人想到,
它们的经历如何艰难而曲折。

游山西　话晋商

在我们今天来看，晋商的票号业是极其辉煌的，它们的成就至今令后人津津乐道。但很少有人想到，它们的经历如何艰难而曲折。

如果把1823年日升昌的出现作为晋商票号之始，那么它在最初三十年间的发展中大体上还是相当顺利的。虽然大清帝国的"康乾盛世"后期已经在走下坡路，但在1840年鸦片战争之前，表面上还不失繁荣与平静。即使在鸦片战争之后的十年中，帝国主义列强的入侵对山西这样的内陆省份也并没有造成什么严重的冲击。中国社会的动荡是从太平天国起义开始的。道光末年之后一次接一次的社会动荡，使得清政府既要"攘外"又要"安内"，内外交困。中国社会处于外来入侵者和内部起义军引发的激烈动荡之中。晋商票号在最初三十年的发展之后，大半个时期是在逆境中挣扎奋进的。有道是"国破山河在，动荡经商难"。

先是19世纪50—60年代的太平天国运动和第二次鸦片战争。那些外来的入侵者，把抢劫的对象定为富户，票号的灾难无法脱逃。两次撤庄，票号损失不少，不过票号挺过来了，它们还利用这个机会调整并发展了票号业。在曾国藩、李鸿章、左宗棠这一批"中兴名臣"的镇压下，太平天国运动失败了。洋人的入侵也由于清政府不得不作出的妥协与让步而暂停了一下。从19世纪60年代到90年代，票号又有了极为迅速的发展。不过更大的灾难还在后头。

自从鸦片战争之后，外国的洋行和银行就开始进入中国，但最初它们的势力和活动范围主要在沿海一带，且客户多为洋人或从事外

23 风雨飘摇中的挣扎

晋商账本上一串串数字后面有多少艰难和辛酸。

贸的华人,对票号业并没有实质性的威胁。19世纪后期以后,它们逐渐在中国内地设立分支机构,把业务向内地延伸。比如日本的正金银行把业务扩大到东北,不仅哈尔滨、大连、长春这种大城市有分支机构,甚至把业务扩大到开原、头道沟、公主岭这种地方。俄国的道胜银行也把势力扩大到宁古塔、海拉尔、浩罕这种地方。这就必然与票号展开竞争。这些外资洋行是现代银行,是票号的"孙子",但是"孙子"的现代银行制度要比"祖父"的票号机制优越得多。在"祖父"与"孙子"的竞争中,"祖父"当然是不利的。

在国内,官营的金融机构也迅速发展起来。在鸦片战争之前,清政府就设立了官方金融机构——官银钱号,但只从事货币兑换,在相当长时间内并没有对票号构成威胁。从同治末年起,省库办理汇兑,到清末,在各地已有官银钱号18处。官银钱号从事汇兑,这对票号就形成了威胁。

19世纪末，中国民办或官办的银行也出现了。光绪二十三年（1897年），盛宣怀开设了中国第一家现代银行——中国通商银行，总部设在上海。光绪三十一年（1905年），中国又出现了第一家官商合办的国家银行——户部银行。辛亥革命后，这家银行改名为中国银行。后来又有无锡人周廷弼开办的第一家储蓄银行——信成银行。再后来又有邮传部建立的交通银行、四川的浚川源银行、浙江的兴业银行等。到清末时，国人办的银行已有12家。这些银行既是外国银行的竞争对手，也是票号的竞争对手。

外国银行与票号争夺存、放、汇业务，而且以其实力操控汇划时价（即汇费标准），票号不得不唯外国银行的马首是瞻。各省官钱局和公私银行不仅从事票号的各种业务，更要命的是抢走了作为票号后期主营业务的官饷汇兑。这些国内银行资本少者有100万两银子，多者有1 000万两银子，远非只有几十万两银子的票号可以比拟的。甚至原有的钱庄也插手官饷汇兑，与票号抢生意。票号由过去一统金融天下的局面变为与比自己强大的对手竞争，其处境之难可想而知。

除了竞争加剧之外，使票号生存更为艰难的是动荡社会中恶劣的金融环境。

清代的币制相当混乱。清后期在市场上流通的除了原来的银子和制钱之外，又有外国流入的银元，自铸的银元，钱庄和票号发行的钱票、银票，清政府发行的官票和宝钞，以及外国银行发行的兑换券和华商银行发行的兑换券，光绪二十五年（1899年）以后又有了铜元。这些名目众多的货币之间并没有固定或统一的比价关系，也不是由同一个主体所发行，甚至常用的银两和制钱也是混乱的。银两有"平"和"色"两套标准。"平"是重量标准，"色"是成色即纯度标准。仅

"平"一项当年就有171种标准,"色"又分为纯银、足银、纹银和标准银。银两与制钱的兑换比例也经常在变。嘉庆十五年(1810年)之前有过银贱钱贵(一两银子换一千文钱以下)的情况,鸦片战争后白银外流,又有过"银贵钱贱"(一两银子换一千文钱以上)的情况。

这种混乱的币制为清政府制造通货膨胀提供了方便。清政府后期,财政一直困难,为了筹资就广铸大钱,滥发官票宝钞,与现代政府滥发纸币如出一辙。结果物价飞涨,民不聊生,票号之经营更不易。更为可悲的是,早在道光十三年(1833年),林则徐就建议推广银元制,但遭到户部反对。从1895年到清末十余年间,关于货币本位的争论一直未断,但最后也没有什么结论。

从19世纪70年代到20世纪初发生在金融中心上海的三次金融风暴,对包括票号业在内的中国金融业造成了巨大冲击。第一次是外国银行通过控制拆款收放,抵制中国丝、茶的出口价格。这就引发了1872—1873年的金融风暴。由于丝、茶出口减少,一半以上的大钱庄破产。

19世纪80年代初,中国外贸受印度、锡兰(今斯里兰卡)茶和日本、意大利丝的竞争而停滞,外国银行拒绝发放短期贷款。1883年发生了第二次金融风暴,南北市的78家大钱庄到年底只剩10家。尤其是胡雪岩办的阜康票号倒闭,影响甚大。

第三次金融风暴的标志是1897年的贴票风潮和1910年的橡皮股票风潮。贴票是指钱庄高利吸收存款。这种风险极大的做法引起1897年的挤兑和钱庄倒闭。橡皮股票风潮是指1910年公众购买虚假不实的橡皮公司股票而引起的金融风暴。1903年英商麦边成立经营橡胶园、石油、煤炭等业务的蓝格志公司。1909年,国际橡胶价格暴涨,这家公司的股票价格由100荷兰盾(约合白银60两)上涨到1 000两白银,超过票面价格十六七倍。但在泡沫破裂后，成为废纸，许多钱庄受牵连倒闭。1909年上海有100家钱庄，到1911年只剩51家。

钱庄是票号的主要客户之一，大量钱庄倒闭不可能不影响票号。

1900年爆发的义和团运动和八国联军侵华又给票号以重创。票号又成为抢劫对象，尤其是那些趁火打劫的刁民，抢票号的财产，烧毁账本，票号从业人员只好逃离。京津一带是票号的主要活动地区，这次这一带所受损失最大。

在这种动荡的社会中，票号采用多种手段进行竞争。例如，票汇、信汇、电汇并用，降低汇费和工商贷款利率，实行"酌盈济虚，抽疲转快"的政策，加快资金周转，并且恪守信誉，尤其是通过与官员的关系，扩大官饷的汇兑。在义和团运动的1900—1910年间，票号达到了前所未有的鼎盛，分红高者每股一两万两银子，低者也有八九千两。例如，百川通每股22 300两，日升昌每股12 000两，大德恒每股10 000两，协成乾每股10 000余两等。但这种票号的极度繁荣已经是回光返照了。

辛亥革命给了票号致命一击。革命后的社会动乱，烧杀抢掠，票号难逃一劫。清朝的灭亡使票号失去了最大的客户，而且贷给这个王朝的700万两银子也永远收不回来了。辛亥革命革了清朝的命，也革了票号的命。靠封建王朝而生者也要随这个王朝而亡。

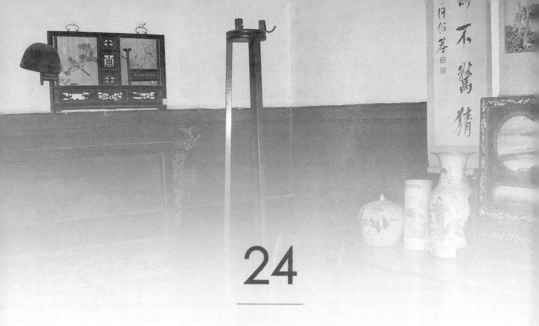

24

日升日又落

日升昌的衰亡

1914年,曾经辉煌的日升昌票号宣布破产。
解剖日升昌,
有助于我们分析整个晋商衰亡的历史原因。

游山西　话晋商

参观完日升昌，见证了它的辉煌之后，我们不禁要问：这家走过九十年风雨历程的票号为什么会在1914年破产？进一步，我们还会再问：有五百年辉煌历史的晋商为什么会在辛亥革命后走向衰亡？难道日升日又落也是企业的共同规律？

对于晋商的衰亡，学界有不同的解释。每种解释都能说明某种现象，揭示出某种原因，但至今没有一种解释得到学界公认。应该说，晋商衰亡的原因是多方面的、复杂的，既有外部环境的变化与冲击，又有内在制度的缺陷。我们把票号作为晋商的代表，又把日升昌作为票号的代表。因此，在分析整个晋商的衰亡之前，我们先来解剖一下日升昌这只"麻雀"。

日升昌是在1914年阴历九月倒闭的。我们先来看看引起它倒闭的直接原因。

20世纪初的十年是整个票号业的鼎盛时期，但这种辉煌却有点回光返照的意思了。此后，票号很快进入多事之秋。这里不仅有外资银行和各省官银钱局（官办银行）的激烈竞争，而且还发生了一些突发事件。

先是1910年上海的橡皮股票投机引起的崩盘使票号受到牵连，后是1911年武昌起义后，各地票号受到散兵游勇和不良分子的趁火打劫。日升昌在北京等五个城市的分号被抢银子达一百多万两，财物折银达五万多两。此外，各省官银钱局滥发纸币。湖北、河南、江苏等地出现挤兑风潮。包括日升昌在内的各票号为了自身信誉，尽力维持兑现，收进了大量纸币。这些纸币在民国初年兑换现金（银子）时损失很大，加之清政府灭亡时欠各票号白银七百余万两，其中欠日升昌的为数也不少。在辛亥革命以后的社会动荡中，票号不敢拖欠存款者银两，但债务人却赖账不还。

在这种社会动荡的大格局下，日升昌票号还有自己特殊的困难。1914年日升昌倒闭，《大公报》在1915年1月23日刊登的一篇题为"晋商日升昌倒闭之种种详情"的文章中分析了倒闭的原因。第一，"日升昌营业之中心点，在南不在北，南省码头最多，两次革命均受很大影响"。这是指日升昌在南方的各分号遭抢劫，无法正常营业。第二，"日升昌之款项，未革命之先均分配在南省。自革命后各省纸币充斥，现金缺乏，由南省调回现金，往返折扣，每百两亏至三十五两及五六十两"。这就是辛亥革命后各省官银钱局滥发纸币给日升昌带来的损失。第三，"日升昌当革命时，欠外（债务）数目约五百万，欠内（债权）之数七八百万，出入相抵，有盈无绌。然欠内之数目，成本

《大公报》对日升昌破产的报道与分析是我们了解日升日又落原因的第一手资料。

已付诸东流,遑论利息。欠外之款项,该号为支持门面,维持信用起见,三年之中均示停利"。这就是说别人欠日升昌的收不回来,更没有利息,日升昌欠别人的仅仅不支付利息而已。这样的"三座大山"放在一个票号身上,谁受得了?

日升昌"屋漏偏逢连夜雨"。《大公报》的文章指出,当时广西的官款存在日升昌内,广西官府催逼甚急,甚至率兵威胁,在一年内提走十多万两银子,还每天前往催取。此时,票号内部又发生危机。本来二掌柜梁怀文无论能力、资格、人品,都应当成为大掌柜,且在票号中威望极高,备受员工推崇。但东家李伍峰家中生活奢华又吸大烟,在辛亥革命后屡屡从号中提款,被梁怀文坚持原则拒绝。李伍峰不满,就任命各方面都比梁怀文差得多的郭斗南任大掌柜。梁怀文辞职而走,员工人心瓦解。郭斗南让东家多次提款,又不受员工欢迎,内部管理混乱,加剧了票号的困难。

这时日升昌北京分号的掌柜赵邦彦见号里事务吃紧,托病回山西,一去不归。代理人为侯垣,此人资历甚浅,人心不服,且他是合盛元票号的担保人之一。合盛元1913年倒闭之后,掌柜逃跑,北京检察厅向侯垣要人,如交不出人就要将侯垣扣押。侯垣无奈在1914年阴历九月初一带账簿同伙友逃回山西。其他人作鸟兽散,北京分号关闭。北京分号关闭又连带各外地分号倒闭,当时的《申报》都有报道。经营近九十年的金字招牌日升昌终于落日了。

日升昌倒闭后,债权人告到平遥县衙,县知事奉命查封李家大院进行破产清理。李伍峰在辛亥革命后已看出大势不好,把家中的珍宝财物运至内兄赵鸿猷家中藏起来,所以,当时就没有查出多少财产(后来赵拒不承认,私吞了此笔财产)。大掌柜郭斗南后又逃跑(传说是投井自杀)。梁怀文此时年已六旬,觉得受东家之恩这时不出来料理于心不安。于是，他提出一个权宜之计。由于日升昌尚有大量债务未收回，他就与债权人协商，以债权人的债务为股本，重新开张营业，以收回债权，偿还债务。于是，成立"日升昌钱号"处理"日升昌票号"的债权债务。不过"日升昌钱号"的东家已非李家，此"日升昌"非彼"日升昌"。日升昌钱号在1932年倒闭。

从日升昌倒闭的过程来看，有许多外部的、偶然的因素在起作用。但事实上，是在外部环境恶化的情况下，内部原来隐蔽的问题暴露出来了。外因总是通过内因起作用的。

我们在"制度决定成败——晋商票号的股份制"这一章中分析了票号两权分离的制度。在这种制度的设计中，所有者（东家）与经营者（大掌柜）的权责利是不一致的。东家承担无限责任，而大掌柜有权有利却无责。这种制度的实质仍然是封建社会的人治——由东家选大掌柜，大掌柜有绝对的权力。这种有缺陷的制度要有效运行，取决于以下几个条件：第一，东家有承担无限责任的财力。第二，东家所选的人是正确的，做到"知人善用"。第三，东家即使不管事，也有绝对的权威，可以在关键问题上发挥作用。第四，所选的大掌柜在人品与能力上都要绝对优秀，忠于东家，而且在经营中不犯严重错误。

在日升昌上升时期，这些条件基本是具备的。日升昌资本金三十万两银子，但东家家产有数百万两，足以应付太平军、八国联军这样的动荡。东家也有权威，对雷履泰有知遇之恩，而且雷履泰也是一流人才。尽管在"雷毛之争"中，雷履泰用撤分号的方法威胁过年轻的东家李箴视，但他这样做对东家并无恶意，只是为了赶走毛鸿翙。雷履泰之后的大掌柜程清泮等也是山西商界的俊杰。所以，尽管在制度设计上有缺陷，但并未引发问题，日升昌得以日日升、月月昌，像一轮上升的红日。

游山西　话晋商

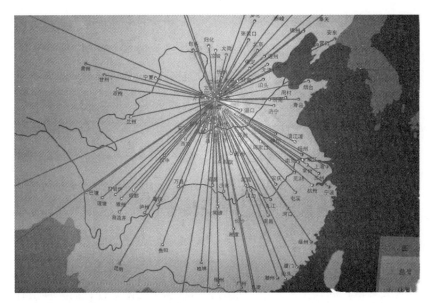

遍及全国的日升昌分号也是一荣俱荣，一损俱损。
北京分号的倒闭引起整个体系的崩溃。

　　但到了后期，这一切都发生了变化。这就源于东家李家由富变奢。李家也与其他晋商一样花大把的钱捐官，李家上下都有不同的官衔，女的也花钱受封为"宜人""夫人"。李家还在家乡平遥达蒲村买了两顷地，盖起了四座巍峨壮丽的大院。每座都是三串院，前庭后院，楼阁相通，亭榭互映。四座大院连在一起，人称李家堡。李家的生活以奢华著称，在村里有专用的杂货店，家中仆役数十人。李家人醉生梦死，打麻将、吸鸦片，把家产都挥霍尽了。当日升昌发生危机时，哪有承担无限责任的财力？而且李家后人对票号的事务再不过问，用人不当，排斥了有能力、有人品的梁怀文，而重用郭斗南这样的小人。这些被重用的人一次次犯错误，这样的票号不垮岂不是天理难容？

当不完善的所有权与经营权分离制度产生积极作用的条件不存在时，票号的危机就开始了。日升昌这样的事，不是仅发生在这一家，而是以不同的形式发生在所有票号中。这时，晋商的丧钟就敲响了。

走进日升昌，你会为这位"现代银行的乡下祖父"而骄傲。但离开日升昌时也别悲伤，"祖父"毕竟是要死的，日头终究是要落的。这一切都过去了，不要看晋商掉眼泪——为古人担忧。今天在平遥街头又出现了以小额贷款为主的新票号，这不正预示着充满希望的未来吗？

25

没有抓住最后一根稻草

票号组建银行的失败

20世纪初,当山西票号没能抓住
组建现代银行这最后一根救命的稻草之后,
失败就只是迟早的事了。

日升昌的垮台预示着晋商票号业的衰亡，但还不是不可救药，仍然有一根稻草可抓。这就是把票号转型为银行。票号不是没有这种机会，但它们放弃了。这就注定了票号的灭亡。在清末民初，票号作为晋商的主业灭亡后，晋商作为一个商帮的灭亡也就是历史的必然了。

票号说到底是封建社会的金融业态，尽管它是"现代银行的乡下祖父"，但这位"祖父"与它的"孙子"——市场经济中的现代银行，在制度上有着本质上的差别。

票号与现代银行最重要的差别之一是建立在不同的信用体制之上。日裔美国社会学家福山先生在《信任》一书中把信用体制分为两种。一种是建立在血缘或地域关系之上的低层次信任。这种信任只存在于一定的范围之内，是有限的。另一种是建立在制度之上的高层次信任。这种信任存在于整个社会，是无限的。现代银行建立在高层次信任的基础之上。它的贷款实行抵押贷款，任何人只要有抵押品就可以贷款，而且对客户没有限制，一元钱就可以开户。这样它可以在社会上广泛筹集资金，把业务无限做大，而且回避了风险。与此相对比，票号建立在低层次信任的基础之上，贷款往往是"万两银子一句话"，完全取决于票号对你过去信用的认可，客户只是自己熟悉的有限大客户。这样，业务范围有限，风险也难以避免。在现代银行与票号并存的情况下，票号无法与现代银行竞争。

那么，票号为什么不转变为现代银行呢？如果晋商票号在20世纪初转变为现代银行，今天的山西就大不一样了。

25　没有抓住最后一根稻草

票号没有转变为现代银行,在社会转向市场经济后迟早要灭亡。

说到票号没有成功地转变为现代银行,我们就不能不提到一个人——蔚丰厚票号掌柜李宏龄。李宏龄在票号工作四十余年,先后在蔚丰厚北京、上海、汉口等分号当过掌柜。他熟悉票号业务,又长期在这些开放的大都市工作、生活,经常与票号、钱庄、银行的人打交道,了解现代银行。他看到了票号的弊端,多次主张把票号改组为银行,可惜壮志未酬。李宏龄看到了稻草,但他无力抓住。

第一次机会是光绪二十九年(1903年),时任北洋大臣的袁世凯深知票号在中国金融界的地位,邀请山西票号加盟天津官银号。这家银号名为官办,实为袁世凯所控制。票号对这件事并不摸底,也不愿与像袁世凯这样名声并不好的权臣交往过多,就回绝了。这算很正常的事情。

第二年,户部尚书鹿钟霖奉旨组建大清第一家中央银行——户部银行，后改名大清银行（民国后改名中国银行，即今日中国银行之前身）。由于慈禧逃亡时受到晋商的热情接待，对票号留下了良好的印象，也知道晋商精通金融，特指定该银行由山西票号来办。鹿钟霖邀请票号入股并派人组建。李宏龄认为，建立国家银行是必然趋势。你参与也好，不参与也罢，银行总是要办的。既然要办，与其让别人组建控制，不如由自己来控制。但各总号怕资金与人被朝廷控制，自己无利可图就一致拒绝了。

慈禧知道山西人"抠门"，舍不得出钱，于是又提出政府出资、晋商出人。但晋商对慈禧并不信任，而且也不知中央银行有什么用，又拒绝了。后来仅仅是由曾任大德通大掌柜的贾继英出任第一任行长（亦有学者认为贾继英仅仅是大清银行山西分行行长）。这次机会的失去使票号永远无法成为主宰一国金融的国家银行。这么大一根稻草就这样失去了。

失去的机会不会再有了。李宏龄这一批有识之士就积极努力地主张由票号自己办商业银行。李宏龄深知，要让东家、大掌柜们动心，必须告诉他们当前的危机，并让他们出来看一看外面的世界。他写信告诉东家侯荫昌："自户部创立银行，各处银行林立，无非暗夺我之权利，生意因之减色。有识者不能无忧，若能东伙同心，励精图治，尚可抵制外人。"应该怎么办呢？李宏龄在给总号的信中建议："方今时局，日新一日，情形迥非昔比。方今学界官界，皆派人出洋考察，惟商界并无此举，而京城、天津、上海、汉口数处不可不往。火车、火船往来甚便，亦不甚辛苦，不过往返数日，细思有利无弊。"李宏龄给大东家、大掌柜寄去了北京、上海、汉口等地的明信片来打动这些人，并作了相应的安排。

然而，远在"祁太平"的东家和大掌柜们没有动静。于是，李宏龄他们先活动起来了。1908年4月23日，山西各票号北京分号的掌柜们聚集在德胜门外一处山西会馆内协商组建银行之事。会议由李宏龄召集并主持，会上所有人一致同意组建山西人的银行。

李宏龄把这种建议付诸实践。1908年，李宏龄邀请三晋源票号东家渠家，准备由"祁太平"票号出资，集股500万两，组建晋省汇业银行。但是，由于平遥总号大掌柜作梗，此事未成。不巧的是，这一年蔚字号东家侯荫昌病故，此事就搁置了起来。

宣统元年（1909年），当时驻汉口的22家票号分号掌柜联名致函平遥的总号，商议组建三晋银行。总号口头上对李宏龄等人的想法表示敬佩，但又以种种借口加以搪塞，什么"夫银行以三晋为名，招外股而不甚相符。况洋人素习商战，非我等所能抗衡"云云，一派失败言论。

这两次机会失去后，1912年，山西票号的掌柜们又酝酿成立一个山西汇通实业银行。为此，"祁太平"各票号掌柜聚集平遥讨论组建银行之事，并特邀梁启超出席演讲。梁启超在盛赞了票号之后，主张与时俱进，建立银行，并谈了自己对筹资、规章等的看法。会议决定祁县、太谷各选一个代表，平遥选两个代表，赴京师与本帮同仁商议。平遥帮领头人、蔚泰厚大掌柜毛鸿瀚也表示赞同，接着制定了章程，并计划向民国政府工商部借款500万两，由16家票号联保，再筹500万两，共1 000万两。但工商部代山西票号借款一事被美方拒绝。晋商票号催还山西赎回矿权时政府欠的田亩捐一事也未成，要求财政部附官股也被拒绝。加之，晋商内部也不一致，此事又告落空。

在经历这些失败之后，蔚丰厚在1916年改组为蔚丰商业银行。这家票号的净资产有32 000余元，已达到办银行的规定数额。1916年12月13日，蔚丰商业银行成立，由侯登五为总经理。成立之初，业务

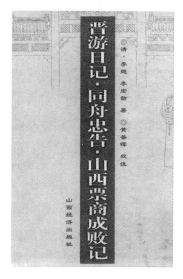

李宏龄的《同舟忠告》和《山西票商成败记》记述了山西票号办银行失败的经历与原因。

繁忙,但却在1920年倒闭。对其倒闭的原因有不同的说法。一种说法是侯登五与袁世凯五弟袁世辅是盟兄弟,银行靠袁的势力,袁世凯一倒就难以经营了。另一种说法是两广总督欧某是大股东,由他负责经营,但他发现银行内部空虚,也就无心管理了。后来南方一处分行有2万元汇款交不了,风声传出,这家分行在两个小时内就倒闭了。无论如何,蔚丰商业银行只是昙花一现。

值得一提的是,合盛元票号在光绪三十三年(1907年)曾经清政府批准在日本创办合盛元银行,主要为留日学生进行汇兑和从事存贷款业务,并在东京、横滨、神户、大阪设有分行。虽然它后来也随合盛元的停业而衰亡,但毕竟是中国人第一次在国外办银行。

当票号在20世纪初失去了组建银行的机会之后,失败就是迟早的事了。连这根稻草也没抓住,如何活命?20世纪20年代票号陆续关闭,只有乔家的大德通、大德恒和渠家的三晋源勉强维持到40年代。

一代票号过去了，五百年辉煌的晋商也结束了。

辛亥革命后，李宏龄退休回到平遥乡下。1917年，他自费出版了《同舟忠告》和《山西票商成败记》，把票号的失败归咎为票号的内斗。其实哪个企业都有内斗，真正使票号失败的还是晋商所代表的山西人的保守与封闭。整日生活在祁县、太谷、平遥这样封闭的小县城中，哪知道世界大势？哪能与时俱进？1918年，李宏龄在郁闷中去世，享年71岁。

26

弱国无强商

晋商茶叶贸易中的挫折

中俄茶叶贸易的历史证明,
弱国的对外贸易终究强不起来。
1917年十月革命后,
晋商一百多年的驼帮茶叶贸易从此结束了。

如今的世界似乎越来越成为强国的世界。在炮舰外交的时代,"弱国无外交"。其实,不能用炮舰来保护自己国民的弱国,又何以能成为国际贸易中的强者呢？中俄茶叶贸易的历史又一次证明了这个真理。

如今的俄罗斯民族整体文明素质相当高,但他们的祖先并不是这样。在中俄签订《恰克图条约》时,为了保证贸易的顺利进行和商民的安全,第十条规定要各自严惩进入对方的犯罪者。但俄国并不认真执行。乾隆二十九年（1764年）,俄盗匪进入中国境内抢掠,俄托词不予处理。乾隆五十年（1785年）,又发生了俄国布里雅特数人抢劫中国商民的事件,俄放走已抓到的罪犯。当时为乾隆时期,正是中国强盛之时,清政府果断地停市,逼得俄国不得不让步。

但1840年鸦片战争之后,中国走向衰落。太平天国运动、第二次鸦片战争、义和团运动、八国联军侵华,一次次内忧外患引起的动乱大大削弱了国力。清政府无法保护商民,中国对俄国的茶叶贸易不可能不受挫折。

在咸丰十一年（1861年）前,晋商一直垄断着恰克图的茶叶贸易。但自第二次鸦片战争后,沙皇以"调停有功",胁迫清政府签订了《中俄天津条约》和《中俄北京条约》。这两个"条约"打开了俄国侵略中国蒙古地区的通道,又取得了上海、宁波、厦门、广州等七个口岸的通商权。俄国还提出了俄商"到京城通商""在蒙古地方随便行走""纳税从轻""经过关隘处,免其稽查"等无理要求。昏庸软弱的清政府允许俄商进入库伦等广大地区开展贸易,并享受免税特权。

同治元年（1862年），清政府又被迫与俄国缔结了《中俄陆路通商章程》，俄国取得了在天津通商、税率比各国低三分之一、可以沿途销售货物、可以由天津转口贸易等特权，这为俄商贸易提供了水陆联运之便。自此，俄商的势力开始深入中国内地。大量俄商涌进蒙古地区，直接购买所需之物并推销自己的产品。中国甚至在中国边境上擅设关卡，对中国输入俄国的货物强行征税。我国内蒙古、新疆地区的商务、税务被俄国包揽殆尽。这些丧权辱国的做法严重破坏了中国陆路贸易关税自主权，也使从事对俄贸易的晋商受到沉重打击。

以前，茶叶的生产加工完全控制在晋商手中，自从俄商有了种种特权之后，他们开始进入生产地区，加工砖茶。

1863年，俄商在湖北蒲圻羊楼峒建立顺丰茶厂（同年迁至汉口），次年又建新泰茶厂。到1878年，俄商在汉口的机制砖茶厂就有6个，其中3个使用当时先进的蒸汽机生产，并在九江和福州都开设了分厂。汉口最大的砖茶厂阜昌茶厂，资金达200万两白银，雇用中国工人2 000多人，昼夜开工。旧式手工制砖茶日产60筐，25%为废品；蒸汽机制砖茶日产80筐，废品仅为5%，不仅质量好，成本也很低。到清末时，俄商已控制一半以上的出口茶。

俄商不仅自己加工茶叶，而且还利用免税的优惠，水陆并运，往俄国运茶。俄商所运的茶叶量急剧增加，同治四年（1865年）仅为164.79万磅，到同治六年（1867年）猛增到865.59万磅，仅仅两年数量增加了5倍多。而且，过去运往俄罗斯的茶叶都要经过恰克图，现在俄商有了另外三条通道，包括从海上到波罗的海，从图们江到西伯利亚一带，从嘉峪关经哈萨克斯坦一带到俄国。晋商对茶叶的垄断地位丧失了。

与俄商相比，晋商却受到限制，处于不平等竞争的地位。不仅不能水陆联运，而且要支付数倍于俄商的厘金税。从湖北贩茶到张家口，所付税金要比俄商多10倍。甚至晋商贩到恰克图的茶，除正税外，每张"信票"还要交票规银50两。咸丰十年（1860年）后，每张银票还有捐输厘金60两银子。在这种沉重的打击之下，到清末时俄商已抢走了晋商三分之二的生意。恰克图贸易最兴盛时，晋商有大小商号140余家，到清末只剩下20余家。

但是，晋商并没有败下阵来。他们首先想到去俄国经商。他们认为，"俄国人到中国来夺我商利，我华商去俄也另觅新途"，希望"由恰克图假道俄国行商"。

同治六年（1867年），晋商程化鹏、余鹏云、孔广仇代表商界提出削减茶税和直接赴俄售货的要求。他们通过绥远将军将自己的意见转给总理各国事务衙门大臣恭亲王奕䜣。清政府由于担心俄商把张家口辟为通商口岸的野心，又迫于商界的压力，在同治七年（1868年）接受了这一要求。清政府与俄国达成协议，同意晋商中的茶商赴俄国建分号，从事贸易活动，同时又把茶税减为每票贩茶1.2万斤，纳25两银子的税。这就为晋商争取到了较为有利的条件。

之后不少晋商重返恰克图，并在莫斯科、多木斯克、赤塔、新西伯利亚等十几座城市开设了分号。

同时，晋商也进行"自救"。首先是改变办茶地点，以缩短运输路线，减少费用开支。咸丰以前，晋商主要在武夷山办茶。从武夷山到汉口陆路100多公里、水路550多公里，共计650多公里。咸丰初年，大部分晋商把办茶地点转移到了湖南安化，安化到武汉约350公里。以后又开辟了湖北鄂南茶区，到武汉只有200公里左右。这就大大节约了运输成本。

晋商还改进加工方法，提高产品质量。他们开始从英国进口烘干机，并使用汽压机和水压机制茶。尤其是把杠杆式压榨器改为螺旋式压榨机，制成的砖茶外观好，受到欢迎。在营销上，能根据当地的情况争取客户的好评，比如给人治病、广交朋友等。

相反，俄商在汉口、羊楼峒等茶区欺行霸市、任意压价，使茶农和中间商损失甚大，引起强烈不满。汉口茶界的工厂、贩卖所、经理人、装卸工等联合起来与俄商斗争，俄商损失巨大，也使这些茶农、茶商与晋商合作。

在晋商的努力之下，茶叶贸易有所好转。同治八年（1869年），晋商向俄国出口茶叶11万担，与俄商直接贩茶总量持平。同治十年（1871年），晋商向俄国出口茶叶20万担，为俄商直接贩茶量的2倍。应该说，在当时取得这样的成绩实属不易。

但是，在积贫积弱的国力之下对外贸易终究强不起来。先是晋商为了争取客户采用了赊销的做法。一些俄国商人赖账，到宣统二年（1910年）总计欠晋商白银62万余两，仅欠常家三家店铺就达32万两。山西商号联合恳请政府与俄方交涉，但清政府正在风雨飘摇之中，哪有心思理会此事。在此之前八国联军侵华和日俄战争中，晋商都蒙受巨大损失。光绪三十一年（1905年），西伯利亚铁路通车后，晋商已无力与俄商竞争。两年后，俄商通过西伯利亚铁路运送的茶叶从20.53万担增加到79.82万担，而晋商从恰克图运入俄国的茶叶由39.53万担减少为19.05万担。宣统元年（1909年），俄方又违背两国条约规定，单方面宣布对在俄经营的华商商品征收重税，晋商损失惨重。常家"独慎玉"莫斯科分号被迫撤回，损失白银一百数十万两。

最后摧毁晋商驼帮的是俄国策划下的外蒙古独立和十月革命。20世纪初，俄国人取得了在外蒙古无税自由贸易的特权，晋商的茶叶之路被堵塞，在外蒙古的晋商损失惨重。1914年外蒙古发生叛乱，在外蒙古东部的晋商掌柜全被杀死，财物全被抢光。1919年外蒙古再次叛乱，在库伦的晋商大多被杀。以后外蒙古实行公有制，晋商财产全被没收。

1917年十月革命后，晋商手中的大量卢布（当时称为"羌帖"）全成废纸，仅曹家就损失白银24万两；俄国又实行公有制，没收了所有晋商的财产。晋商一百多年的驼帮茶叶贸易就此结束了。

19世纪后期20世纪初期的世界是一个靠枪炮说话的世界，积贫积弱的清政府哪能保护得了晋商呢？我们不能抱怨俄国人的骄横和俄国的革命，只能怪那时的中国太弱。

27

坎坷的工业救国之路

晋商与近代工业

20 世纪初期,
内外交困的晋商不得不寻求产业转型。
令人遗憾的是,这种努力失败了,
晋商由此退出了历史舞台。

游山西　话晋商

综观世界各国，第一代投资于近代工业的大多是封建社会的大商人、金融家或其他富人。他们在完成了从商业资本或其他形式的财富向产业资本的转型时，这个国家的经济就起飞了，他们的财富也得以延续。但从以后的结果看，晋商并没有完成这种转型。他们努力过吗？如果努力过，为什么没有成功？这是每一个对晋商有兴趣的人都关心的问题。

尽管在20世纪初期，晋商已经在衰亡之中，但他们还是进行过转向产业化的努力的。他们的这种努力是从保卫山西煤炭开发权的"保晋运动"开始的。

山西有煤，这是人们早就知道的。没有煤，山西在古代何以有发达的冶铁业？据民国初年《山西矿务志略》中的统计数字，明万历到清道光年间，山西14个州县有煤窑25座；清咸丰到光绪年间，山西45个州县有煤窑240座。尽管现代学者认为，这个数字太少了，但山西的煤在当时没有被大量发现与利用是一个事实。

山西的煤矿资源受到重视是近代的事。1862—1904年，美国人奔卑和维理士、英国人宿竞、德国人李希霍汾多次到山西勘查煤矿。特别是李希霍汾曾于1870年和1871年两次到晋城、大同等十余个地方勘查。结论是山西一省煤的储量达1.89亿吨，可供全世界用1 300年。这个发现惊动了全世界，于是就有居心不良之洋人想独占山西煤矿的开采权。

1897年，意大利商人罗沙第在伦敦组建以获得中国矿产开发权为

27 坎坷的工业救国之路

山西丰富的煤矿并没有使晋商摆脱衰亡的命运。

目的的福公司。他联合文人刘鹗（《老残游记》的作者）、官僚方孝杰，并拉拢了山西商务局的总办贾景仁，开始了夺取山西煤矿开发权的活动。刘鹗深知这是卖国行为，要受到谴责，就组建了一个空壳的"晋丰公司"。他以商人的名义向山西商务局申请开矿。刘鹗游说山西巡抚胡聘之和贾景仁，又以晋丰公司的名义向福公司借款1 000万两白银，共同开发盂县、平定、泽州、潞安等地的煤矿。刘鹗通过贾景仁得到胡聘之的同意，与福公司签订了《清办晋省矿务借款合同》和《清办晋省矿务章程》。这样就把山西的煤矿开采权卖给了福公司，并规定盈余分配办法是"清政府25%，商务局15%，晋丰公司10%，福公司50%，为期60年"。清政府还派人协助福公司的开采工作。

1898年此事泄露，引起民众的愤怒之情，要求收回矿权，清政府于是撤了胡聘之，由山西商务局与福公司签订《山西开矿制铁以及转运各色矿产章程》，仍然出卖了山西矿权，而且还加上了"平阳府以西煤铁以及他处煤油各矿"的矿权。这时，福公司的总经理换成了曾任英国驻沪总领事的哲美森。获得山西矿权使福公司1英镑一张的股票从150张增加到152万张。

这种卖国行为受到山西人民的坚决反对，充当先锋的当然是学生。山西知识界的喉舌《晋阳公报》率先宣传收回矿权。山西大学堂及中等学校的学生纷纷罢课、游行集会、发表宣言，要求收回矿权。这一行动得到全省各界的声援。山西籍的留日学生积极支持，尤其是山西阳高的留日学生李培仁愤而自杀，他所留下的两封遗书把保矿运动推向高潮。山西籍的官员和渠本翘、刘笃敬等晋商也投入这一运动。迫于群众的压力，福公司与清政府在1908年签订了《赎回开矿制铁转运合同》，由山西商民集资275万两白银赎回福公司的矿权。这就是历史上著名的"保晋运动"。

这次赎回矿权的275万两银子，由省地亩捐项下拨150万两，山西各票号垫付125万两。收回矿权后，商人们开办了"山西商办全省保晋矿务有限总公司"（简称"保晋公司"），由渠本翘任总经理、王用霖任协理。这就拉开了晋商转向现代工业的序幕。

保晋公司是一家用机器采煤的现代工业公司，但运营得并不成功。这家公司的建立主要是基于爱国护权的政治动机，而不是经济动机。它一开始就遇到严重的资金困难。该公司采用股份制，原计划先募100万股，再募60万股，每股5两银子，共集资800万两。但到1914年仅募股38.6万股，共193万两，为原计划的24%。更致命的是，在赎回矿权时，以山西地亩捐作为抵押向票号贷款，但辛亥革命后地亩捐全用于军费，公司只好用募集的资金偿还。资金不足使公司无法购置大型机器设备。公司在拆东墙补西墙的状况下经营，自起步起就很艰难。

晋商无管理现代企业的经验，保晋公司管理混乱，非生产人员多，运费奇高，连手工小煤窑都竞争不过。此外，公司高层频频换人。面对困局，渠本翘辞职，由刘笃敬接任。不久，刘笃敬看到败局难免，又辞职，由阎锡山的政务厅厅长崔廷献接手。崔上任后使保晋公司状况有所改变，加之1914年第一次世界大战爆发，国际形势对中国民族工业有利。1925年，崔调任河东道尹，由常赞春接任。由于军阀混战，公司经营又进入停滞期。到1937年抗日战争开始时，终于倒闭了。

晋商投资的另一产业是火柴。1892年，时任山西布政使的胡聘之拨2万银元创办了"太原火柴局"，1895年改为"晋升火柴公司"。但因经营不善，于1903年以5 000银元卖给渠本翘。渠本翘请天合元钱庄财东乔雨亭主持，合资经营，改名"双福火柴公司"。该公司从日本买机器、聘技师，经营得不错。1915年，闻喜商人张贵立开办"荣昌火柴公司"。1916年，平遥绅士赵鸿漠与票号商王恒昌、安保善、张光裕合办"金井火柴公司"。此外，还有稷山绅士宁崇金筹资开办裕民纱厂，太平县商人刘笃敬开办磺矿公司、永泰煤窑、太原电灯公司、石粉厂，平鲁绅士刘懋赏开办富山水利公司。但这些企业或者规模不大，或者被官方强行接管，或者经营不善，最后都没有形成山西的近代工业。说得直白点，尽管像渠本翘这样的晋商大户投身于近代工业，但就晋商整体而言，向工业资本的转型失败了。转型的失败也表明晋商彻底退出了历史舞台。

晋商的这种转型努力为什么会失败呢？

从时间上看，晋商的工业化起步比东南沿海要晚。19世纪中期已有外国企业进入中国，70年代洋务运动和由此带动的民族工业也在这时起步。而晋商的工业化始于20世纪初。这时从外部来看，中国正处于清朝即将灭亡的末期，社会动荡，晋商的工业化刚起步就面临混乱的环境和外部的激烈竞争。

晋商转型起步晚当然与鸦片战争后中国的经济中心逐渐向东南沿海转移是相关的。晋商已经再没有那种位于中国中部表里山河的地理优势，也再没有"开中制""开设马市"这样的历史机遇了，留给它的只是内陆省份的劣势。

这种内陆省份的劣势就是思想保守。晋商的东家和大掌柜大多住在祁县、太谷、平遥这样的内地小县，根本接触不到外部的新思想，文化程度普遍不高，也不会去努力吸收新思想。他们固执于自己的票号、商号，而且那时经营尚好，也没有思变的动力或压力。当他们被迫要变时，为时已晚了。

我们还应该注意到，促进晋商转向工业化的渠本翘、刘笃敬、刘懋赏、白象锦等人都是知识分子出身，且有留学日本的经历，了解世界大势。但他们的实力并不够，晋商中的大户普遍没有这种认识，也不想进行这种努力。可以说，就整个晋商而言，几乎没有向近代工业转型的意识，仅凭少数人个人奋斗式的努力，无法挽救晋商衰亡的总趋势。

我们可以把晋商的衰亡归咎于外因，如清朝的灭亡或辛亥革命的冲击，但不可否认的是，晋商的保守是最重要的内因。一个商帮只要不断思变，外部环境再恶劣，也可以找到出路。只有自身已不再思变、不再前进时，才会"无可奈何花落去"。

保守与封闭是中国传统文化中的糟粕，但对中国社会有巨大的影响。今天许多内陆省份落后的原因也首先在于这种影响。从晋商身上我们应该吸取这个教训。

28

晋商起源的一个传说

平阳亢氏的起家

清人徐珂在《清稗类钞》中把亢氏列为山西首富。
而关于亢氏巨额财富的来源,
有一个"李自成遗金"的传说。

游山西　话晋商

一个人或一个家族成功之后，民间就会有许多神话或传说。有些是添枝加叶的夸张，有些是无中生有的编造。但以讹传讹流传的范围广了、时间长了，就会被认为是真相，甚至堂而皇之地进入学者写的史料中。晋商离现在并不远，但由于商人和商业进不了正史，许多原始资料又被商人以保密为由销毁，或受战乱与运动之害散失，所以神话和传说也就格外多。我们这里讲的是有关平阳富户亢氏的神话和传说。

从运城沿大运高速前行不远就是临汾市。临汾古称平阳。这里是尧帝的故乡，至今仍有尧帝庙，原来的临汾市区已成为尧都区。临汾有许多值得去的地方，如魏村的元代庙戏台；洪洞县的广胜寺、飞虹塔和大槐树遗址，曾经关过苏三的明代监狱；霍州的元代霍州署等。临汾这一带土地肥沃、气候温暖，早已是山西主要的产粮区。明代之前，这里就有悠久的经商传统；明清时，也是商贾云集之地。平阳的大街上原来有一家当铺，后来又有人开了一家新当铺。故事就从这家新当铺开始。

有一天，新当铺进来一个人，拿着一个金罗汉，要典银一千两。后来连续三个月，这个人每天来典当一个金罗汉。这家当铺的资金几乎要用光了。店主人问，怎么有这么多金罗汉来典当？来人回答，我家主人有五百尊金罗汉，现在只典了九十尊，以后每天还要来当。店主问来人的主人何许人也？来人说是亢氏。店主知道亢氏号称"亢百万"，自己绝不是对手，只好请来人向亢氏求情，把金罗汉赎回，自己不要利息，并且关闭当铺，远走他乡。

这是一个传说，说明亢氏的富有和霸道，有无其事已无法考证，但亢氏之富的确是确有其事的。清人徐珂在《清稗类钞》中把亢氏列为山西首富,称其资产在数千万两白银以上。

亢氏的巨大财富是从何而来的?有一个"李自成遗金"的传说。说的是亢氏得到李自成军队逃跑时遗留下来的财产,这成为其经商致富的原始积累。这个传说还被写进了堂堂正正的学术著作中。1907年日本出版的《中国经济全书》中就说票号"开始是山西的康氏(即亢氏),清初顺治年间李闯王造反不利,败走时,所有金银携带不便,遂把军中的金银放在康氏院子里而去。康氏忽拾得八百万两,因此将从来谋一般人便利的山西汇兑副业改为本业,特创票号,致使该地的巨商都是康姓"。徐珂的《清稗类钞》、近人卫聚贤的《山西票号史》等著作中,都有票号由李自成遗金而生,晋商由此而富的传说。这就是晋商起源的"李自成遗金说"。

这个"李自成遗金说"本身就荒诞不经。晋人早有从商历史,在明代已成为第一大商帮,何用等到明末清初的李自成遗金?何况李自成失败后尚有余部不甘心失败,哪能容忍一介平民用他们的钱发财,而不去报复?何况山西的文献中也并无亢氏开票号的记载。这个说法,一点儿事实的影子都没有。

那么,亢氏是如何致富的呢?

在晋商的各个富商大户中,亢氏是最神秘的,有学者甚至认为,亢氏实际上并不存在,亢氏之富只是后人编造的一个神话。不过从现有的资料看,这种看法还缺乏证据。有关亢氏的一些记载给我们了解亢氏致富提供了一点线索。

亢氏所在的平阳离运城的盐池并不远,可以充分利用解州盐的优势。由此可推断,亢氏是靠盐业致富的。亢氏有记载的大商人是亢嗣鼎。其父做豆腐生意,小有积累。到亢嗣鼎时得到平阳赵知府的帮

亢氏家园现在已荡然无存，不过与照片的模样不会差别太大。
这应该是当时豪宅的模式。

助，并娶了一个富家小姐，在其妻家帮助下到扬州经商。康熙时的纽琇指出："江南泰兴季氏与山西平阳亢氏，俱以富闻于天下。"近人邓之诚在《古董琐记全编》中也说："康熙时，平阳亢氏，泰州季氏，皆富可敌国，享受奢靡，埒于王侯。"泰州季氏季沧苇是扬州的两淮盐商。亢氏与季氏并富，在当时非盐业难以富到这个程度。看来亢氏应该是在明代中期改"开中制"为"折色制"，盐商分化为"边商"与"内商"时，由平阳到扬州经营盐业而大富的。能利用这个机会，在此之前必有从事盐业的经历与基础。两淮盐商中有"南安北亢"之说。"南安"为当时的盐务总商安氏，亢氏可以与安氏齐名，可见在两淮盐商中的实力和权势都相当可观。李斗的《扬州画舫录》中记载，亢氏在扬州有大片房产，著名的亢园"构园城阴，长里许。自头敌台起，至四敌台止，临河造屋一百间，士人称为百间房"。此外，还有"亢家花园"一处。

平阳一带的晋南是山西的产粮区，且当地的土质适于挖窑洞，存放粮食可达数年。亢氏还经营粮食，从事粮食的收购、储存、长途贩运和销售。据记载，亢氏在平阳有"仓廪多至数千""藏有米粮万石"。亢氏把这些粮食运至京城及其他地方，在自己开的米店中批发、零售。当时北京资本最雄厚、规模最大的正阳门外粮店就是亢氏所开设的。从典当金罗汉的传说看，亢氏还经营典当业，且垄断一方市场。亢氏在平阳拥有大量田宅，被称为"宅第连云，宛如世家"。

亢氏之富起初应该是自己奋斗的，但致富之后无疑要勾结官府，交结贵人。据说有一次，亢氏的牛车数乘从外地往北京粮店运粮，在半途被一无赖阻拦，勒索米粮。后来一位王爷获知，赶走无赖，才解了围。王爷肯出手相援，说明亢氏与这位王爷的关系不一般。而且，亢氏相交的绝不止这一位王爷。钱权结合是双方的需求。与其他晋商一样，致富之后与官府结交是极为正常的。亢氏在这一点上与其他晋商和中国所有成功的商人没有什么差别。

山西的富商很多，为什么人们要把"李自成遗金说"加在亢氏头上呢？我想，这不仅与亢氏的巨富有关，而且也与亢氏的为人相关。应该说，晋商富人大多是"低调"的，讲究"富不外露""仁者爱人"，承担自己的社会责任，多做善事。但亢氏的个性是张扬的，他们常说的一句话是"上有老苍天，下有亢百万，三年不下雨，陈粮有万石"。我想，亢氏被排为晋商的首富与其张扬的个性不无关系。这就像今天的"福布斯"排行榜，进入该榜的并不一定是最富的人，往往是有点钱也能"吹"的人。

晋商的成功者，为富且仁者多。但据现代学者李华在《清代山西平阳大商人亢百万》中考证，亢氏的第一个发迹者亢嗣鼎并不像乾隆版《临汾县志》中所写的那样，"事母孝，养抚侄如子。笃志力学，至老不倦。居乡尤多义举"，而是一个"恃富骄横，悭吝贪婪，为富不仁的大商人、大地主"。看来前者是官修的，难免对本乡富绅多有溢美之词，而后人的考证则超脱多了。李华先生敢于推翻前人的记载，想必是有证据的。

富而不仁，难免受人们指责，于是就会有财产来历不明的传说。这些传说真真假假，搞得日本人也相信了，于是写入书中。一旦印成铅字就更真假难辨了。说起来亢氏也够冤的了。

在讲究"以义制利"的晋商中，亢氏大概是个"异类"。看来从商和做人一样，要低调而谦虚。以财富炫耀于人前，如同今天暴富起来的煤矿主一样，难免被人漫画化，并编造出许多并非事实的神话。

由于资料太少，亢氏这个人是不好写的，我写了这个题目，是因为他毕竟上过徐珂当年的富豪排行榜。更重要的是，我想让今天那些富起来的人以亢氏为鉴，在财富增长的同时，道德上也要提高。钱绝不是一切。

29

官商一体成巨富

明代蒲州张王两家

中国商帮中的成功者,
都会以某种方式和权力结合。
明代蒲州的张王两家
就是官商一体的典型。

中国封建社会是一个有了权才有钱的社会。无论你如何清高、看不起官,但只要从商就离不开官。只有与官员结交,依靠权力才能成巨富。

中国商帮中的成功者,都会以某种方式和权力结合。或者是亦官亦商,官商一体,如徽商中的大盐商那样;或者是用合法或非法的手段结交官员,如晋商中的票号那样。明代山西蒲州(今永济市)的张王两家就是官商一体的典型。

张家第一代成功的商人是张允龄。他自幼失去祖父和父亲,由祖母和母亲抚养成人。"穷人的孩子早当家",张允龄年幼时就掌理家政,长大后发愤从商远游。他先去西北,在皋兰(今甘肃兰州市)、浩亹(今甘肃碾伯县东)、张掖、酒泉经商;后来又到南方,来到淮、泗,渡江入吴;还溯江汉西上夔峡,往来楚、蜀之地;也曾北上沧州。前后二十年,足迹半天下。

应该承认,张允龄的成功不仅取决于他奔波在各地的勤奋,还在于他的经商天才。他善于抓住商机,往往判断无误。有人感到奇怪,甚至怀疑他有"异术"。他为人轻财利而重信义,南北所到之处,颇为众商人所敬服。张允龄教育子女极严,长子张四维得以中举为官。

王家第一代成功的商人为王现、王瑶兄弟。他们的父亲为河南邓州学政,大概相当于今天的县教育局局长。那时的学校都是私塾,不能高收费、乱收费,也没有重点学校之说。在一个贫穷小县管教育,既不富裕,也没什么权。这个小官对王氏兄弟经商不会有多大的帮助。他们

29 官商一体成巨富

明代的蒲州,即今天的永济市,是商人集中之地。张王两家就是其中最成功者。

的弟弟王珂曾中进士,任中书舍人,但早逝,对他们经商也没什么用。

王氏兄弟是靠自己成功的。王现本来也是读书的,但未成功,遂经商。他曾经向西至洮陇,逾张掖、敦煌,到玉塞、金城;由此转而入巴蜀,沿长江下吴越;又涉汾晋,践泾原,过九河,"翱翔长芦之城,最后客死郑家口"。他经商四十余年,足迹半天下。而且,当时的人评论他"善心计,识重轻,能时低昂,以故饶裕人交,信义秋霜,能析利于毫毛,故人乐取其资斧,又善审势伸缩"。王现给子孙后代留下的遗训是:"夫商与士,异术而同心。故善商者,处财货之场,而修高明之行,是故虽利而不污;善士者,引先王之经,而绝货利之径,是故必名而有成。故利以义制,名以清修,恪守其业,天之鉴也,如此则子孙必昌,身安而家肥矣。"我们今天常说的"以义制利"就是由这段话中的"利以义制"而来的。这句话后来成为晋商从事商业活动的宗旨。

王瑶在明弘治年间其父为邓州学政时就"贸易邓、裕、襄、陕间",而且"资益丰"。正德年间又"行货张掖、酒泉间""复货盐淮、浙、苏、湖间,往返数年,资乃复丰"。当时人们对他的评价是:"蒲善士,为养而商也,生财而有道,行货而敦义,转输积而手不离简册。"经商还读书,这在各代商人中并不多见。

应该说,张王两家的第一代人都是靠自己的勤奋和才智,经过自我奋斗,诚实经商而成功的。但他们的第二代成为大盐商,就靠了朝中有人当大官。

张允龄的儿子张四维在嘉靖三十二年（1553年）中进士,先后任编修、翰林学士、吏部侍郎。万历三年（1575年）由张居正举荐,以礼部尚书兼东阁大学士入赞机务。万历十五年（1587年）张居正去世后出任内阁首辅。其弟张四教,16岁时就经商,并随其父经营长芦盐业,是当时有名的大盐商。

王瑶的三子王崇古在嘉靖二十年（1541年）中进士,历任刑部主事、陕西按察使、河南布政使、右副都御使、兵部右侍郎、宣大总督。其兄王崇义也是当时有名的大盐商。

张王两家还是姻亲。张允龄的妻子是王崇古的二姐。这就是说,王崇古是张四维、张四教兄弟的舅舅。张王两家的姻亲也都是名震一时的富商达贵。张四维的三个弟媳妇分别出自当时的巨商王氏、李氏和范氏。张四维的女儿嫁给内阁大臣马自强之子马淳,马自强之弟马自修是著名的陕商。王崇古的大姐嫁给侨居蒲州的盐商沈廷珍之子沈江。这两家组成了一个庞大的亦官亦商的家族联盟。有这样的背景,在商场上自然是无往而不胜。

正是这种背景,使张王两家的第二代在财富上远远超过了第一代。张四教就曾说,他后期所获之利"不止十倍于初期"。史书记载,张四教也是有经商天分的。他16岁就外出经商,历汴泗,到江淮,南至姑苏、吴兴之境,所经营贸易常出人意料。在随其父经营长芦盐业时,熟悉盐务分布、调度,有操纵能力。官方背景是经商成功的充分条件,但必要条件还是自己的经商能力,并不是每个有官场背景的人都可以经商成功的。

但对于都具有经商才能的人来说,官方背景就很重要了。先来看看盐业的情况。正如我们在"从'开中制'到'折色制'——政策变化中的晋商"一章中介绍的,"折色制"后政府把盐商分为十个纲,按纲编造纲册,登记商人姓名,并发给各个盐商作为"窝本",册上无名没有"窝本"者,不得从事盐业贸易。这在历史上被称为"纲盐制",形成了大盐商对盐业贸易的垄断。不是原来的盐商巨富或有官方背景的商人是进不了纲册,也不会有"窝本"的。

张王两家能实现盐业垄断当然与经商历史长短和官方背景都有关。在当时的盐业中,他们通过姻亲关系结合起来,势力更大。明人王世贞就说:"四维父盐长芦,累资数十百万。崇古盐在河东。相互控制,二方利。"《明史》中记载,隆庆五年(1571年)河东巡盐御史郜永春曾上奏说:"河东盐法之坏由势要横行,大商专利",明确要求"治罪崇古,而罢四维"。当然,这两家的势力如此之大,官场背景深不可测,谁治得了?此事也就不了了之了。

张王两家中在朝廷任要职的张四维、王崇古还在开放与蒙古人的贸易政策上起了重要的推动作用。隆庆四年(1570年),蒙古首领俺答的孙子把汉那吉投降明朝。朝中对这一问题的处理产生了争论。首辅李春芳、兵部尚书郭乾及饶仁侃、武尚贤、叶梦熊、赵贞吉等人主张采用强硬的军事手段,趁机进攻蒙古。王崇古、张四维等主张议和开马市。他们联合了当时的内阁成员张居正、高拱，最后终于获胜。明朝廷封俺答为顺义王，并允许与蒙古通商，开设马市。《明史》中记载，"俺答封贡议起，朝右持不决。四维为交关於拱，款事遂成"。又指出，"贡市之议崇古独成之"。张王两家及庞大的姻亲集团都是从商者，开放马市当然有利于他们的商业活动。从历史的角度看，开放贸易、以和平代替战争是一件好事，但王崇古、张四维极力促成此事与他们的商业利益不无关系。

王家富到什么程度没有什么记载。对于张家，则说张四教为人大气，意气所激，挥掷千两银子也毫不吝惜。明代1两银子约值现在500元。这就是说动辄几十万元，"毛毛雨啦"。他们家在北京、蒲州都有房产。张允龄晚年回蒲州居住，在城东十里建有别墅一座，凿地疏圃，屋建其中，园中花卉四时皆开，拿到现在也绝对是超级大豪宅。

在明代，从事盐业和经商致富起家的山西人不少，但张王两家是排在前两位的。在以后晋商的历史中，这样官商一体的大户还真不多见。所以，后期的晋商官商结合走的是另一条路，我们在"慈禧住进大德通——晋商与官本位"一章中已经介绍过了。

30

靠官还要靠自己

明代蒲州商人范世逵

三晋大地哺育了一大批德才兼备的人，
他们虽没有什么官方背景，
却靠自己成就了一番事业。
蒲州商人范世逵就是一个典型的例子。

游山西　话晋商

在任何一个社会中，无论官方背景如何深厚，权力后台有多大，经商成功最终还要靠自己。官方的支持和权力后盾，只有在自己有能力时才能起作用。有能力的人即使不靠官也能做成一番事业，无非不能富可敌国而已。晋商中许多人的成功都证明了这个朴素的道理。

晋商中的许多富商大贾的确利用了官府和权力。明代张王两家有人在朝中当大官后，得以垄断河东、两淮盐业，财富十倍于以前。但这两个家族都有长期经商的历史，几代人中都有经商高手。清初的范家在有了皇商的身份之后才大富大贵，但范永斗、范毓馪等人在商场上也绝非等闲之辈。票号辉煌的背后是官方，但票号的东家、大掌柜们，哪个不是商界精英？从本质上说，晋商是民间商人。他们不是靠官成功，只是在成功后借助了权力。权力不是他们成功的原动力，仅仅是起飞后的助推器或润滑剂。没有这种助推器也许做不到顶尖级，但仍可以成就一番事业。

靠自己，靠的是自己的人品和才能。没有高尚的人品，再有能力，也只是赚几个小钱，这就是"小富靠智"。但这些人终究成不了大事。那些当年麻油掺假、面粉缺斤短两的商家，有哪一个成了大事？这就是"大富靠德"。

但是，仅人品好的人也成不了大事。世界上好人多得很，为什么成功致富者只是少数？经商有一套技巧，要懂得如何经营管理。缺少了这种才能，仅仅是好人，并不能成为富人。

三晋大地的文化哺育了这样一批德才兼备的人，这才有了辉煌五百年的晋商。他们中的许多人并没有什么官方背景，但却靠自己成就了一番事业。明代蒲州商人范世逵就是这样一个典型。

明代的蒲州（今永济市）与清代的祁县、太谷、平遥一样是盛产富商的地方，范世逵就出生在这个富有商业传统的地方。他的祖上是小盐商，父亲继承了祖上两代人经营的盐业，但并不成功。这一时期，盐业专卖制度正由明初的"开中制"改为明中叶的"折色制"。这种制度变化使盐商分为"内商"与"边商"。有资本实力的山西盐商向以扬州为中心的两淮地区迁移，成为"内商"。留下来的中小盐商成为"边商"。范家就属于这样经营困难的"边商"。

范世逵从小随父经商，走遍四方。他为人精明干练，倜傥而有大志，不喜欢计较蝇头小利，想做一番大事业。他看到继续经营盐业对他这样的人来说已不合适。在既不能利用官方权力进入盐业垄断，又无资本实力迁移扬州的情况下，唯一明智的选择就是退出盐业。他深知以变应变，调整自己的经营方向这个道理，作出了退出的决定。这一年他才17岁。

退出盐业后再做什么呢？他注意到，山西的晋南这一带历来是产粮区，蒲州又是通向陕西和北部地区的交通要道。当时这一带人从商的兴趣都在盐上，从事粮食贸易的人并不多。于是，他决定利用这种优势，放弃三代人经营的盐业进入以前并不熟悉的粮食贸易，这是一个大胆的转变。他认为，与其在盐业中赚取蝇头小利，不如在并不热门的粮食贸易中大干一场。

另一个问题是，从事粮食贸易需要大笔资金，钱从哪里来？范世逵采用了当时已经存在的朋伙制。所谓朋伙制，就是现在所说的合伙制，若干人共同出资，共同经营。这种形式容易引起合伙人之间的利益冲突，能否做好取决于每个合伙人的人品，尤其是主持者的人品。

只有合伙人都不计较蝇头小利,互相谦让,着眼于长期的合作和共同的利益,合伙才能做好。范世逵主持的这个合伙制商号相当成功,这与他本人的人品密切相关。

范世逵从蒲州和其他粮区收购粮食,然后运到太原、大同这样的屯兵重地、边防重镇,从中赚取价差。他在蒲州经营的德昌米行成为当地最大的粮行,业务遍及河套卫戍地区。他的客户是驻边的庞大军事机构——中都督府。蒲州成为一个重要的粮食中转站。

此外,他还参与了北部的边境贸易,用内地物美价廉的布(晋南这一带也产布)换取蒙古人的马和牛。他还亲自去皋兰(今兰州)、关陇(函谷关以西、陇山以东一带),往来于张掖、酒泉、武威等地。他在这一带经营粮草,或收购,或囤积,或出手,或购进,或销售,生意做得很活,数年内获了大利。

范世逵的成功不仅因为他有吃苦的精神,还在于他有精明的商业计算。这种计算不是贪图一时的小利,而是从大处着眼。他为人豪爽,讲义气,结识了一批官场和商场的朋友,从河西都御使到中都督府官员,再到边防将校。他不是以利益交朋友,而是讲一个"情"字。所以,这些朋友,官比他大的有,钱比他多的有,哪一方面都不如他的也有。这就是他的人格魅力。

嘉靖二十七年(1548年),明朝政府对盐政进行改革,允许民间开矿制盐,鼓励有实力的商户自备工本,自主产销。政府只负责核查产量,并分取盈利的十分之三(即30%的所得税)。这时,范世逵已积累了相当的资本,于是决定重返盐业。山西平阳府是一个重要的产盐区,新上任的盐运使李桢是他的朋友。他决定就从这里起步,先在平阳、蒲州、绛县等地开设盐行。

盐业开放之后,进入者甚多,不少目光短浅者以低价劣质盐占领市。盐市处于价格竞争的"低级阶段",市场十分混乱。范世逵给自己的盐号确定了三条原则:一是保证质量,不符合要求的盐决不上市,更不用掺假等方法来降低成本。二是保持价格稳定,既不以降价为手段竞争,在供小于求时也不以高价获取暴利。三是以诚信待客,坚持良好的服务,决不以次充好、缺斤短两。在这种经营思想的指导下,他的盐店在市场上站稳了脚跟。他的成功表明,靠坑蒙拐骗只能赚几个昧良心的小钱,以诚信为本,才能基业长青。

中国人常讲好人有好报。我想对一个商人而言,"好人"的含义应该是富而不骄、善待他人。范世逵就是这种意义上的好人。他致富之后,家业大兴,有良田数百亩,银两以万计,但生活并不奢华。而且,他为人好义,常救人之急。陕西三原人陈海犯法坐牢,范世逵怜他远离家乡,出资赎他出狱,后来陈又偷窃范的银子逃走。人们都谴责陈,范世逵却说,此人我待之有恩,偶尔财迷心窍,待他醒悟后还会回来。不久,陈又回来悔过。范认为他是个人才,不计前嫌,待他如故。陈成为范手下一员干将。

对个人是小善,对社会就是大善。嘉靖十六年(1537年),明政府经过四年征战平定了进犯的蒙古人。范世逵为部队运送物资,得到朝廷嘉奖。当时,还有数千人为躲避战乱从山西北部、中部逃到蒲州,住在名刹普救寺中。范世逵以德昌米行的名义不仅自己捐出大量粮食、衣物,而且动员豪商巨贾捐资、捐物。这一义举为他赢得了"范大善人"的美誉。也正是在这一过程中,他结识了同乡将军杨博。杨博对他成为北方驻军的供给商,以及与中都督府保持良好关系起了重要作用。

从范世逵成功经商的经历中我们可以看出,他成功的关键是个人的人格、才能与努力。尽管他与杨博的乡亲加友谊对他的商业成就有

晋南是产粮区,范世逵利用这一优势,从盐业进入粮食贸易,这是他成功的起点。

一定的帮助,但主要还在于他的人格魅力。一个有才无德的人经商不可能取得什么大的成功。晋商强调,经商先要做人。这是范世逵成功的经验,也是后来无数晋商成功的经验。

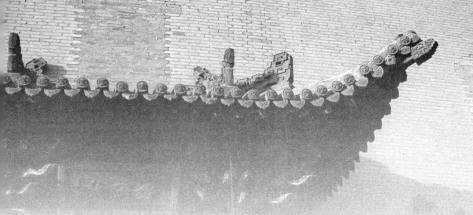

31

小荷才露尖尖角

明代的晋商

明代晋商经商的才智、为人的诚信、
对人的乐善好施等,
都体现在清代晋商的身上,
而且更加发扬光大了。

游山西　话晋商

明初的"开中制"给了有经商传统的山西人大展身手的机会。山西人走出这个并不大的内陆省份，在各地从事"货通天下"的贸易活动。到明代中期之后，晋商已在全国商界居于"执牛耳"的地步。除了在扬州盐业中徽商可以和晋商平分秋色之外，在其他贸易中，山西人有绝对的优势。山西人的富裕也引起了达官贵人、文人雅士的关注。但与清代之后相比，这时的山西人只能算"牛刀小试""小荷才露尖尖角"。

不过晋商在明代所露出的尖尖角，对以后成长为参天大树是十分重要的。所以，我们有必要对明代一些重要的晋商有所了解，看看他们为以后的晋商留下了什么宝贵遗产。

说到明代的晋商，就不能忘记那些在"折色制"之后迁移到扬州的山西盐商。尽管他们的子孙早已对山西淡忘了，但他们的根在山西，不仅有吃醋的习惯，还把晋商的传统带到了扬州。

在移居扬州的山西盐商中最著名的要数杨继美。杨继美是山西代州振武卫（今代县）人，先祖曾因戍边军功升旗牌官。杨继美少年时极爱读书，经史子集无不涉猎，成年之后以先辈所留下的数千两银子为资本，到扬州经营两淮盐业。淮盐是明代运销量最大的盐，运销安徽、江苏、江西、湖广、甘肃、陕西、宁夏、河北、山西、辽东等地。杨继美经商有方，成为扬州两淮盐商中的富商。

不过，当时使他在江淮数千里都颇负盛名的不是他的富有，而是他的文化与为人。明代扬州的盐商要推举一位居住时间长，人才、品格出众的人为祭酒，以在同业中起斡旋、调解的作用。同时在政府

31 小荷才露尖尖角

扬州也是明代晋商大显身手的地方。

和盐商之间起纽带的作用,既协助政府推行盐政,又协助政府管理盐商。有一次,明政府派官员视察两淮,召见盐商。官员所问的问题,众盐商不能对答,只有杨继美对答如流,众人皆佩服,遂推举他为祭酒。

杨继美虽然身为商人,但是喜欢与文人来往,高谈阔论,研讨经史,还赠送银两资助有困难的文人。这些人中举当官后仍与他交情甚深。杨继美为人豪爽,讲义气,乐善好施。某人借他许多银两,无力偿还。后来此人要将自己的养家之业交给他。杨说,你把养家之业给我,你们何以为生?说完把债券当此人的面撕掉,表示债务从此一笔勾销。

杨继美的儿子杨恂考中举人。杨留恋家乡,在结束盐务后返回家乡,与乡亲老友结社咏诗,晚年过着幸福的生活。

移居到扬州的另一位山西大同府天城卫人士是薛缨。薛氏兄弟三人，长子名字已不可考，在家务农。二子薛纶从小聪明，一目十行，过目不忘，才思敏捷。隆庆二年（1568年），他考中进士，步入仕途，曾任陕西按察司副使，后辞职返乡。三子薛缨经商，在明代实行"折色制"后移居扬州。薛家五世未分家，薛缨成功后在扬州、大同都有大量产业，成为后来晋商"家和万事兴"的榜样。

移居扬州的山西盐商还有不少。例如，太原闫氏第七代闫居阎明代移居扬州，亦为大盐商。其后代多文士，最著名的是清初大学者闫若璩。山西大同李氏在扬州经营盐业，其后人李承式、李植父子分别在嘉靖三十五年（1556年）和万历五年（1577年）中进士。我们在"晋商起源的一个神话——平阳亢氏的起家"一章中介绍的亢氏也是在扬州经营盐业而成功的山西人。明人王世贞说"晋多大鹾贾"，主要指在扬州的山西盐商。后来山西人在扬州盐业中的势力虽不如徽商，但仍控制着扬州的金融业，在扬州开票号的有几十家。难怪连康熙皇帝都说："今朕行历吴越州郡，察其市肆贸迁，多系晋省之人，而土著者盖寡。"

当然，并不是山西所有的盐商都迁到了扬州，仍留在山西或到其他地方经营盐业的也并不少。

山西蒲州人展玉堂从小随父在河北沧州经营盐业。明朝中期，盐引专卖导致私盐泛滥。当地人刮盐碱自制土盐，沧盐销售不及过去的十分之三四。当其他盐商纷纷离去时，他们父子坚信政府会整顿盐务。事情的发展果然如他们所料。当其他盐商又返回时，他们父子已有先入之利。展玉堂讲求效率，精于算术，不计较蝇头之利。他与别人运输同样的货物，总比别人先到；他与别人销售同样的货物，总比别人多赚钱。但他同样乐于帮助别人，钱也比别人花得快。他成功后买得河南商丘驿丞的一个小官位，离商入仕，十分可惜。

31 小荷才露尖尖角

山西另一位蒲州人王海峰也是明代著名的商人。他最初也与大多数当地人一样西到秦陇、东到淮浙、西南到蜀，但他觉得去的人太多，盈利并不多，于是去到山东青州（今益都）和河北沧州，经营长芦盐。当时这里官僚显贵、土豪劣绅上下勾结，生意难做，许多人离去，他却留下来进行调查研究，向政府提出整顿盐业的建议。后来经过整顿，长芦盐区再次繁荣，王海峰成为当地的大盐商，70岁时荣归故里。他的同乡张四维对他的评价是，"蒲州虽然多豪商巨贾，但少见像王海峰这样有雄才大略的商人"。张四维还说他动辄万金，毫不在意，可见王海峰之富有和为人之豪放了。

山西曲沃人李明性也是明代的大富商。李明性的父亲乐善好施，长兄不善理财，家境逐渐拮据，于是他选择外出经商。他在陕西、甘肃一带活动。这里交通不便、气候恶劣，他一个人奔波，其艰辛可想而知。他为人精明，善于经商，并能根据市场变化取舍购售的货物，终于成为西北有名的富商。

关于他经商的事迹，流传下来的并不多。流传下来更多的还是他的为人。他为人笃厚，孝敬父母，尊敬兄长，为人行侠仗义。亲友有困难时他经常帮助，别人无法还债时他就一笔勾销。他为人正直，族中有子弟放高利贷，他当面责备，并撕毁其债券。有人故意把卖给他的田宅价格抬高，他亦不计较。甚至有人偷了他放钱的小箱子，他也只是教育了事。而且他不迷信风水。他的墓穴在亡妻坟墓之右，风水先生说这对子孙后代不利。他说，子孙的好坏看他们的德行，与墓穴有什么关系？李明性教子有方，儿子和孙子都考中了举人。

明代的山西商人还有很多，现在留下姓名或只言片语资料的还有高平富商赵氏、交城的王权，以及平阳人席铭、在京城开"六必居"的平阳赵氏三兄弟、后来成为大粮商的平阳人李因笃、在辽东成为富商的平阳人王玺，等等。当然，明代最大的晋商还是蒲州的张王两家和范世逵，我们在前面的文章中已分别介绍过。

从明代晋商的情况中，我们可以看出其与清代晋商不同的特点。第一，以经营盐业为主。成功者绝大多数为盐商。这显然与"开中制"后晋人得先机相关。第二，以晋南蒲州、平阳这一带的人为最多，也有晋北大同一带的，但清代最发达的"祁太平"三县几乎没有。这证明了晋商起源于晋南的结论。第三，就财富而言，要远远少于清代之后的晋商。这些特点表明了早期晋商的状况。

更应该注意的是明代晋商与清代晋商的一致之处。那就是成功者都坚持了"以义制利"的优良传统。明代晋商经商的才智、为人的诚信、对人的乐善好施等，都体现在清代晋商的身上，而且更加发扬光大了。这表明，晋商优良的经商传统一直传承了下来。有明代晋商这样的经商榜样，以后的晋商能不成功吗？

对一个商帮来说，成功的关键不是"术"，而是"德"；让后人敬佩的不是"财富"，而是"精神"。从这个角度去理解晋商，意义又深了一层。

32

成也官，败也官

清代皇商范家

有皇商之称的范家，
其兴亡离不开一个"官"字，
真正体现了封建社会中商人
"成也官，败也官"的规律。

游山西　话晋商

灵石已是晋中了，再沿大运高速前行就是介休。介休名胜也不少。北关顺城街的祆神楼为明万历年间所建，清康熙、乾隆年间重修。这座楼设计巧妙、构造奇特，为我国建筑史上的精品。城内后土庙创建年代不详，在南朝宋大明元年（457年）和梁大同二年（536年）重修，其琉璃瓦为清嘉庆、道光年间的精品。当然最有名的还是绵山，又称介山。相传春秋时介子推随公子重耳逃亡，重耳掌权后即为晋文公，介子推隐居于此。晋文公找不到介子推，就在绵山放火相逼，火尽而母子二人俱亡。后人为纪念介子推，故称介山。如今这里已成一处优美的景观。

作为晋商文化之旅，我们到介休还是要介绍清初最富有的皇商范家。范家在明初时由介休县城迁居张原村。如今站在介休市的张原村，你无论如何也想象不出，当年这里曾有一条繁华的范家街，其西段还有一座被称为"小金銮殿"的范家大院。现在在这里，你能找到的只是一座总兵坟，坟前的石雕和直径尺许、高两丈的两根华表隐约显示出主人当年的辉煌。总兵坟里躺着的是有总兵头衔的范毓馪。

如今范家的后人早已沦落为普通农民，甚至穷人，但当年其祖上的确富可敌国。范家的成功与衰败都离不开一个"官"字。范家的兴亡真正体现了封建社会中商人"成也官，败也官"的规律。

范家早年间在北部地区从事与少数民族的边境贸易。到七世范永斗时，在张家口建立了商号，从事马市贸易。范永斗与王登库、靳良玉、王大宇、梁嘉宾、田生兰、翟堂、黄云发成为垄断当时马市贸易

32 成也官，败也官

孤独的华表显示了当年范氏的辉煌。

的八大商人。

当时的女真人派使者从辽宁到张家口参与马市贸易，用皮毛、人参等特产换回他们所需要的铁器、盐、粮食、布等物品。从事这种贸易的正是以范永斗为首的八大商人。在这种贸易中，八大商人与女真族的上层统治者建立了友好的关系。商人从贸易中获利，女真人在获得所需物品外，还获得了明朝的情报。

清军入关建立了清朝后，为了感谢八大商人对他们的帮助，赐宴、封官、给以房地，并封他们为清内务府的官商。于是，八大商人变成了八大皇商。清朝把张家口附近的五百里地让给他们开垦。他们的义务是"每年办进皮张，交内务府广储司库"，以供皇家享用。

范家最辉煌的时期是在范永斗的孙子范毓馪（总兵坟中躺着的

范毓馪之兄）时期。康熙二十九年（1690年）、三十五年（1696年）和三十六年（1697年），康熙带兵讨伐叛乱的准噶尔首领噶尔丹的军队。由于路途遥远艰险，"输米馈军，率以百二十金致一石"。这就是说，每石米运到前线需银120两。康熙六十年（1721年），朝廷再次出兵西征时，范毓馪主动请缨，承担运送军粮的任务，每石米仅要白银40两。康雍乾三朝，范家一直为政府运军粮，每石米的购买、运费等从40两银子降至25两、19两，甚至更少。十年间共运粮百万余石，为朝廷节省费用600余万两。雍正皇帝为表彰其功，特赐范毓馪太仆寺卿衔（正二品）。

应该说，范毓馪为清政府运军粮有感恩的成分，有经商不忘爱国的心，但也不会没有商业动机。为朝廷做了事，朝廷当然会在商业上给予支持。无论运军粮本身是赚钱还是赔钱，以后肯定会有回报。

事实上，范毓馪的这种行为的确为做大范家商业创造了有利条件。范家的商业由边疆向内地发展，并进入利润最高的盐业。范家获得了河东与长芦两处盐引（凭盐引才能获得的盐）的运销经营权。仅在长芦一地就持有盐引10 718道，按每道盐引200斤计，共控制食盐2 143 600斤。而且，限定的销盐地区条件十分优越，靠近盐场，人口稠密。范家在潞安、泽州、直隶、河南建立了庞大的销售网。雍正九年（1732年），原来在大兴等八州县承办盐业的皇商李天馥经营不善，积欠30多万两盐课银（税收），面临破产，范家收购之。最兴盛时，范家供给1 000多万人的食用盐。这是多么大的市场！

范家还进入了当时获利甚丰的进口铜业贸易。清初以白银为本位货币，但民间日常交易多用铜钱。由于国内缺铜，康熙年间起从日本进口铜。最初由沿海民商承办，用国内的丝绸、茶叶、瓷器、药材及其他杂货换取日本的铜。海上贸易投资大、风险高，但利润也高。

据记载,"大抵内地价一,至倭可易五,及回货,则又以一得十"。范家联络旅居张家口的乡帮皇商呈请包办,并自愿降价。经内务府奏请,从乾隆三年(1738年)起,范家进入铜业。在乾隆二十九年(1764年)前,范家贩铜每年60万斤,占进口量的五分之一。乾隆三十一年(1766年)以后,每年贩铜140万斤,占进口量的三分之一。范家因从事对日贸易被称为晋商中的"船帮"。

范家还从事木材、马、皮毛、人参等贸易,并与英商进行玻璃贸易,开采铅矿。范家最兴盛时,在山西、直隶、河南有盐店近千家,在天津和沧州有囤积盐的仓库;在苏州有管理赴日船只的船局,拥有洋船6艘;在北京有商店3家,在张家口有商店6家,在归化城有商店4家;在河南彰德府有当铺1家;在张家口有地106顷;各地房产达千余间。这些尚不包括在介休的房地产。据估算,范家当时的家产在千万两白银以上。范家街和小金銮殿应该就是在这时建成的。

范家作为官商赢得了经济与政治的双丰收。范毓馪的兄弟、子嗣有各种官职者达五十多人,有些是被封的,有些是用钱捐的。其弟范毓馤的墓之所以叫总兵坟,就是因为他生前有总兵官的职务。其祖父、父母及范家的妇女也获得了不同的封号,范家成为在《清史稿》中唯一立有传记的晋商。

在封建社会中,朝廷控制了一切资源,并握有生杀大权,商人只有与权力结合才能做大做强,但朝廷对商人只是利用而已。所以,依靠结交朝廷而成功的同时,也埋下了以后衰败的隐患。范家的命运正是如此。

为朝廷运军粮是一件风险相当大的事。朝廷只是享受节省运费的利益,而不承担任何风险。真正承担风险的是范家。范家只想报"皇恩",一再降低粮价,但当出现损失时,却要"打掉牙齿往肚里咽"。

范家是唯一进入《清史稿》的晋商，如今正在编写的《清史》应该改变这种情况了吧。

《清史稿》中记载，雍正八、九两年（1730年、1731年），"寇犯北路，失米13余万石，斥私财补运，凡白金百四十四万"。尤其是雍正十一年（1733年），运往科布多的军粮由于大军撤退而运回内地。当时这批粮食的价格定为每石28两银子，范毓馪按此价格付给了承运户。但户部要按不包括运费的近地价格核销，并向范氏追缴价差近262万两银子。范氏无可奈何，先以历年应领而未领的90余万两银子抵消，其余的170余万两银子限定分五期偿还。这就种下了范家衰败的祸根。直至乾隆十二年（1747年），四川大金川土司莎罗奔叛变时，范家仍在运军粮。

当初朝廷让范家从事铜的贸易，有让他们赚钱还债之意。范家所欠朝廷之债，除粮款170余万两银子以外，还有采办官参应折价款114万两银子，共计284万两银子。范家自筹资金办铜，价格低于民办铜，每百斤差价为三两五钱到四两，约低20%—24%。而且，官办铜全部按官价交官，民办铜只交60%，其余可以在市场上高价销售。到乾隆四十六年（1782年）时，日本铜资源缺乏，政府又限制出口，铜业已无利可图。范家借朝廷的钱办铜，据不完全统计，共欠朝廷340万两银子，无法偿还。乾隆四十八年（1784年），范氏被抄家，显赫一时的皇商就这样衰亡了。船帮也随之而亡。

晋商和封建社会的其他商人一样面临两难困境。不靠官，买卖做不大，且受官府盘剥；靠官，又必然留下隐患。朝廷给商人特权，并不是为了支持商业，而是借机敛财或巩固自己的统治。他们要利用商人，但又怕商人做大，富可敌国，不利于自己的统治。因此，在利用商人的同时也要限制他们。一旦商人的力量强大，就要利用政权打击，甚至消灭他们。《龙票》并不是一部反映晋商的好小说，但其中说到的"商人富可敌国，本身就是罪"的道理的确不错。任何一个封建商人都逃不出"成也官，败也官"的规律。

站在范氏坟前，我更多的不是遥想他们当年的辉煌，而是感叹一代晋商巨子的悲剧。

33

清代的"福布斯"排行榜

清代晋商的富商巨贾

清人徐珂在《清稗类钞》中,
将光绪时的山西富商们排了一个顺序。
面对这些富商,
我们除了敬仰和惋惜,更多的还是思考。

游山西　话晋商

如今是一个排行榜盛行的时代。每年公布的"福布斯"排行榜，尽管引起不少人的质疑，但几乎吸引了全世界的目光。一个在中国"混"的英国人，搞了个真真假假的排行榜，竟也赚了近千万元。这热闹劲儿，搞得我也想弄一个清代晋商富户的排行榜了。

不过这个榜不是我排的。清人徐珂在《清稗类钞》中把光绪时资产在白银数千万两至三十万两的山西富商排了一个顺序。现先把这张表抄录如下：

姓氏	资产额	住址
亢氏	数千万两	平阳
侯氏	七八百万两	介休
曹氏	六七百万两	太谷
乔氏	四五百万两	祁县
渠氏	三百万两	祁县
常氏	百数十万两	榆次
刘氏	百万两以上	太谷
侯氏	八十万两	榆次
武氏	五十万两	太谷
王氏	五十万两	榆次
孟氏	四十万两	太谷

(续表)

姓氏	资产额	住址
何氏	四十万两	榆次
杨氏	三十万两	太谷
冀氏	三十万两	介休
郝氏	三十万两	榆次

当时并没有什么可靠的统计资料，想必徐珂也没有像那个英国人一样进行一番调查研究。人家英国人手下毕竟有一个团队，榜上的数字即使不真实也八九不离十，徐珂却是单枪匹马。我估计这些数字是徐珂根据道听途说推测出来的，恐怕要离谱得多。

现代学者认为，这张排行表显然大大低估了我们晋商大户的资产实力。像侯氏、曹氏、常氏、乔氏等资产应该在千万两白银以上。排列的顺序也有点问题，如冀氏就不该那么靠后。还有些该进入的没进入，如日升昌的东家李氏，仅这一家票号的本银就有三十万两银子，如果考虑到每年颇丰的利润（有时达五十多万两银子）和其他资产，进入这张表是没问题的，不知为什么漏了。灵石王家大院的主人有那么大一个院子，进入这张表也应该没问题，可惜也被忽略了。山西人不好露富、低调为人，如果把三十万两银子作为进入排行表的标准，恐怕列出的单子比这个要长得多。不过，无论这张排行表的缺点有多少，它大体上反映了当时社会对晋商富裕程度的认识，还是相当有参考价值的。

现代人研究晋商，虽然没有列出排行榜，但介绍晋商富户还是以资产多少为标准的。各人所列出的名单也不同。张正明先生在《晋商兴衰史》中列出了十二家：蒲州张氏、蒲州王氏、平阳亢氏、介休

《清稗类钞》大概是历史上第一次为晋商排"福布斯"榜。

范氏、祁县乔氏、介休侯氏、祁县渠氏、榆次常氏、太谷曹氏、介休冀氏、平遥李氏、太谷孔氏。黄鉴晖先生在《明清山西商人》中列出了九家，除官商范氏之外有：介休侯氏、榆次常氏、太谷曹氏、介休冀氏、祁县乔氏、平遥李氏、祁县渠氏、平遥毛氏。刘建生、刘鹏生先生在《晋商研究》中列出的有代表性的山西商帮家族分别是：平遥李氏、介休侯氏、太谷曹氏、介休冀氏、祁县渠氏、榆次常氏、祁县乔氏。孔祥毅先生在《金融票号史论》中列举的商业家族有：榆次常家、聂家，太谷曹家，祁县乔家、渠家，平遥李家，介休侯家、冀家，平阳亢家，万荣潘家，阳城杨家等。这几位先生在晋商研究中成绩卓著，有开拓性贡献，他们的著作受到学界好评。因此，他们的排行还是值得重视的。

我觉得，由于资料太缺乏，要给晋商大户排出一个比较接近现实的排行榜几乎是不可能的。但我们可以先把明代（如张王两家）和清

33 清代的"福布斯"排行榜

初（如范家）排除在外，挑出一些重量级的富商大户。挑选的主要标准应该是资产，以及在当时的影响。对一些大户可能太没把握，无论比入选者大多少，都只好放弃。例如，徐珂列出的榆次何家，据说也相当富。电视剧《乔家大院》中乔致庸的表妹兼旧情人江雪瑛后来嫁给快死的何家少爷应该就是这家。历史上是真有其事的，不过嫁过去的不是乔致庸的表妹，而是其孙女。何家少爷也是很快就死去了。我们对何家知道得太少，就不列入了。

综合以上各种观点，我觉得晋商中有八家应该在顶尖级的富豪之列：平阳亢氏、太谷曹氏、祁县乔氏、介休侯氏、榆次常氏、祁县渠氏、介休冀氏、平遥李氏。这八家中只有平遥李氏不在徐珂的排行表中，但是都在张正明先生的排行表中（另有四家未列入）。与黄鉴晖先生的排行相比，仅增加了一个亢氏，减少了平遥毛氏。与刘建生、刘鹏生先生的排行相比，增加了亢氏。这八家全在孔祥毅先生的排名中，只不过少了其他几家。当然，这些先生并不是给晋商排"福布斯"排行榜的。不过从以上的分析看，把这八家列为清代晋商八大家还是较为一致的。如果有争议的话，还在平阳亢氏上，因为有学者认为并不存在亢氏，不过我认为根据现有资料，还无法确切地"证实"或"证伪"，就将其列入了。凑个"八"是吉祥数字，也可以相比于大约在稍后时期的美国八大家族吧！

研究这八个有代表性的晋商对我们了解晋商是极有意义的。现在我看到的详细研究晋商家族的著作只有程光和梅生两位先生合写的《儒商常家》一书（山西经济出版社，2004年）。这本书资料丰富，见解独到，读后深受启发。大家到山西旅游，肯定对这八家很好奇。这里我把前面已介绍过的亢家（见"晋商起源的一个神话——平阳亢氏的起家"）除外，简单说说其他七家。

曹家的"三多堂"也是已开放的旅游景点，不过远不如乔家大院那么火。但曹家当时的财富绝不比乔家差。曹家创业始祖为曹三喜，在辽宁朝阳靠磨豆腐、种菜起家，以后进入各个行业。曹家的买卖在全国各地有四百多个分号，员工达三万多人，其后人因吸大烟败家，至今"三多堂"中还有宫里的金火车头（慈禧抵债的物品）和明代仇英仿的《清明上河图》。"三多堂"是值得一去的。

对于乔家，我在各篇文章中都讲了许多。乔家无论是事业、财产，还是家教，在晋商中都极具代表性。自从电影《大红灯笼高高挂》拍完后，乔家越来越火，可惜演绎性的小说、电视剧较多，像研究常家那样严肃研究乔家的学术著作还不多。

介休侯氏的兴旺从十七世侯万瞻到苏杭一带经营丝绸时起，到其孙子侯兴域时，侯家已成为有商号数十处、被称为"侯百万"的富豪了。侯家还是票号中著名的"蔚字五联号"的东家。其后人也败在奢华和吸大烟上。

常氏是以对俄罗斯经营茶叶而著名的外贸世家。常家的文化水平在晋商各大家族中应该名列第一，其后人在文化事业中作出过重大贡献的大有人在。称常家为"儒商"，恰如其分。

李氏是日升昌的东家，仅凭他创办票号这一点，就有资格在晋商史上占有一席之地。说晋商，不能不说票号；说票号，就不能不说日升昌；说日升昌，就离不开李家的李大全、李箴视。李家亦由于子孙奢华、吸大烟而亡。

渠氏的名人是渠源浈、渠本翘父子。渠家经营茶叶，也有票号。渠家在以后晋商实现向工业转型的过程中起了最重要的作用。我们另有专文介绍。

冀氏约在清乾隆时发迹，道光初年在各地有商号七十余家。冀家有两件事最有名。一是出了最成功的女性马太夫人；二是其后代冀惟聪，乳名灵哥，是山西著名的纨绔子弟，他的许多奢华做法，我们今日都无法想象。这两件事在本书的其他文章中都有介绍。

这些大户的共同特点都是白手起家，没有一家是靠官和权起家的。各家都有主业，但都是多元化经营，且都进入了票号业。这说明他们有共同的成功之道。但另一个不幸的共同点是，以不肖子孙败家者为多。

面对这些富可敌国的大家族，我们有敬仰、有惋惜，更多的还是思考。一代骄子已过，且看今天谁能风流。

34

山西的天空群星灿烂

晋商中的掌柜们

晋商的票号业之所以能达到辉煌的顶点,
职业经理人功不可没。

我这里说的"群星"不是乔家、曹家这些富商巨贾，而是这些大户成功背后的掌柜们。今天我们称之为"职业经理人"。

全世界企业的发展在开始时所有权与经营权都是合一的，所有者自己出资、自己经营。这时只雇用各种专业管理人员，如会计、领班等，并没有作为首席执行官（CEO）或总经理意义上的职业经理人。只有在企业做大、采用了股份制后，才有所有权与经营权的分离。这时才出现了我们今天所说的职业经理人。

晋商走的也是同一条路。明代的商人做得像张王两家那样大的并不多，而且无论做多大也是自己出资、自己经营，无非是雇一些按东家指令干活的伙计而已。清代的许多商人都是白手起家，像乔贵发、曹三喜，哪一个不是自己干出来的？但到清嘉庆、道光年间，晋商的企业做大了，想全都自己亲自干也办不到。这就有了股份制，有了所有权与经营权的分离。尽管乔致庸也做了许多事，但具体的经营管理还是交给了马荀、阎维藩、高钰这样的大掌柜。进入票号业之后，所有权与经营权彻底分离了。这时，晋商中出现了职业经理人——大掌柜和主事一方的各地分号掌柜。我们说的"群星"就是指这批人。

职业经理人不同于从事常规性管理工作的职员，他们在经营管理中有相当大的决策权。在两权分离的企业中，所有者的决策固然重要，但企业能否做好，关键还在于职业经理人。所以，职业经理人必须同时具备道德与业务素质，既要有高尚的职业道德，又要有经营企业的技巧。我说这批群星"灿烂"，就是指晋商的这些职业经理人相当

34　山西的天空群星灿烂

雷履泰、毛鸿翙在日升昌会客厅的蜡像。他们都是晋商中优秀职业经理人的代表。

优秀。晋商的成功，尤其是票号的成功，至少有一大半功劳是他们的。

　　说到职业经理人，我们首先要说到雷履泰。他是山西票号的创始人，以后票号的规章、制度、运行方式都是他最早设计出来的。作为职业经理人，他最了不起的是有眼光。仅仅是看出票号的前途这一点，就使他无愧于他七十大寿时同仁所送的"拔乎其萃"四个字。有人对他在和毛鸿翙斗法时用撤分号的手法威胁东家不以为然，其实这无损于他的职业道德。职业经理人的道德要求并不是要求他们成为圣人那样的全人，其职业道德的核心是"受人之托，忠人之事"，自觉地不做败德之事，再加上勤奋。道德完美的圣人不一定能成为优秀的职业经理人。即使在与毛鸿翙的斗法上，他对东家还是忠心的，赶走毛也是为了把票号搞好。另有一件让人感动的事是，通常大掌柜退休时可向东家推荐继任者。有人劝他可以推荐自己也在票号工作的儿子，但雷履泰认为程清泮比自己儿子优秀，就推荐了程。以后的事实证明，他的推荐极为正确。这岂不是我们今天所说的"大公无私"？

其实，与雷履泰斗法的毛鸿翙也是一个优秀的职业经理人。他们之间斗法的一些小儿科的做法也算不上什么。应该说，毛鸿翙最大的优点是勇于开拓的精神。离开日升昌后，他主持创建了"蔚字五联号"，进行连锁经营，在当年绝对是一个创造。这比麦当劳、沃尔玛早了一百多年。开拓精神或者说创新意识，是职业经理人最重要的素质之一。因循守旧、照章办事只能算是管理者，不能称为职业经理人。

说到票号的职业经理人，我们就不能不提到为票号变为银行而不懈努力的李宏龄。尽管他没成功，但错不在他。他努力了、奋斗了，就是一个优秀的职业经理人。一个职业经理人一定要能纵观全局、敢于承担责任、善于抓住商机，这些品质李宏龄都具备。

光绪二十九年（1903年），时局动荡，北京市面上流言四起，于是人们纷纷到冶炼金银的炉房提兑现银，炉房面临挤兑风潮，危在旦夕。时任蔚丰厚北京分号掌柜的李宏龄预见到炉房垮台的可怕后果，就联合北京各票号以巨款接济炉房，平定了市面。光绪三十四年（1908年），慈禧和光绪先后去世，银市动摇，炉房再次陷入危机。李宏龄又一次联合同行稳住了局面，同仁"莫不交口颂君才贤"。他因"独以任侠、识大体"而名震京师。

职业经理人既要灵活行事，也要勇于承担责任。光绪十九年（1893年），李宏龄去上海途经扬州。总号有电不得收上海之银，否则以违犯号规论处。扬州分号的款项大半来自上海，分号掌柜白子直甚是为难。李宏龄分析形势后，认为收上海之银有利，就建议照收不误。白子直不敢做主，李宏龄说，机会不容放过，我担全责。果然，年终获利三万多两。在这种关键时候就显现出了职业经理人的素质和胆识。

但大胆并不等于蛮干。李宏龄牢记前辈张徽五的教导：每到一新分号要先收款后放款，不要急于求成。光绪二十四年（1898年），李宏龄到汉口上任，采用了这一做法。不久汉口遭乱，由于李宏龄这种谨慎的做法，他主持的蔚丰厚汉口分号未受任何损失。这种谨慎是经验之谈。但何时大胆、何时谨慎，则在于职业经理人本身的能力。

李宏龄的为人也为同仁所敬佩。当年他由同乡曹惠林推荐进入蔚丰厚票号。曹去世后，李宏龄不忘其恩，主动照顾其妻子、儿女十余年，直到其子女长大成人能自谋生计。他为组建银行之事的努力正是他职业道德与业务水平的综合体现。

这三位职业经理人都是我们熟悉的。我们再介绍一位从学徒做到大掌柜的职业经理人齐梦彪。齐梦彪青年时进入志成信票号当学徒，因勤学苦练、业务水平高，被委任为北京分号司账。先后到过山西人颇不习惯的广州，又去热河、上海、天津任职。他到热河时，这里连年亏损，他上任后努力整顿，终于获利数万两银子。

在强手如林的职业经理人中，齐梦彪有两件事令人敬佩。一是喜爱读史书，好与文人交往。朝中翁同龢、李荫池、那琴轩等名人都称他"学识兼优"。二是八国联军侵华期间，北京异常混乱，各票号纷纷撤庄。但志成信票号北京分号存有国库巨款。他临危不惧，组织同仁保护票号，使国库的银子、票号的财产均无损失。慈禧回銮后召见齐梦彪，赐他四品官职，顶戴朝服，赏黄马褂一件。后来他担任了志诚信大掌柜，1911年退休。1918年，阎锡山等筹办官银局又要齐梦彪出任会办。后山西省银行成立，他任首任协理。在十年的经营中，齐梦彪成绩卓著，被授予二级嘉禾勋章。1929年，齐梦彪病故，享年74岁。其葬礼由山西省主席赵戴文代表阎锡山致祭。

山西票号中还有许多优秀的职业经理人，如在其他文章中提到的大德恒票号大掌柜阎维藩、善于公关的大德通票号大掌柜高钰、主动答应借钱给慈禧并为票号后来的发展创造了有利条件的大德通掌柜贾继英、接雷履泰班的程清泮及其父亲程大培、蔚泰厚大掌柜毛鸿翙、天成亨大掌柜侯王宾、蔚盛业大掌柜李梦庚等。可惜我们的研究主要还是集中在曹家、乔家、常家这样的大户上，对这些职业经理人的关注不够，资料收集得不多，研究得也不够。

在商业经营中，职业经理人甚至比出资的股东更重要。晋商在进入票号业后能达到辉煌的顶点，这批职业经理人功不可没。我之所以把他们称为"群星"，是因为他们不是一个人、几个人，而是一大批人；称他们"灿烂"，是因为他们的职业道德和业务能力足以成为所有职业经理人的楷模。当然，他们都是山西人，所以加了一个前缀——"山西的天空"。

今天，我们许多的企业发展到一定程度，发现缺的不是资金或技术，而是职业经理人。职业经理人最缺的又不是业务水平，而是职业道德。晋商中的职业经理人为我们树立了榜样，那些过去的掌柜所达到的水平是我们今天仍要努力的。

35

此孔非彼孔

孔祥熙并非晋商后人

孔祥熙出身本贫困,
只是在与宋霭龄结合后,
利用宋家势力而成为
民国"四大家族"之一。

游山西　话晋商

20世纪30年代初，一顶十六人抬的大轿走进太谷县城。轿上坐的是时任大汉银行董事长孔祥熙的新婚妻子宋霭龄。

这位生长于上海富豪之家，又在美国著名的威尔斯利女子学院留过学的千金小姐从来没有来过山西太谷这样偏僻的内地小城。在她的想象中，这里的生活应该是艰苦而原始的。但她进城之后看到的是票号林立，商铺毗邻，街上的繁荣大大出乎她的意料。

孔家大院在南寺街无边寺西百米处，又称孔家家园；始建于清乾隆年间，后经嘉庆、道光，到咸丰年间完工；原为太谷巨商孟家所有。民国十九年（1930年），孔祥熙用十五万两银子从孟家后人孟广誉手中购得。我们现在能看到的大院比过去小了许多，大院的一部分已被其他单位征用。这是一所占地六千多平方米、分多个四合院的建筑，斗拱飞檐，宏伟壮丽，花园、赏花亭、正院、书院、戏台院一应俱全。走进院内，宝瓶门、垂花门、八角门、小陶然亭、假山、水池以及各种花木令她这位见过世面的小姐也目不暇接。孔府的生活方式虽不洋气，但透出一种古典式的富贵，仅服侍她的佣人就多达七十多人。她的美国传记作家罗比·尤恩森说，她惊异地发现了一种前所未闻的极其奢侈的生活。在太谷，过这样的生活的并非孔氏一家，这座县城中有许多商人的家庭都过着同样的日子。因为有一些当时重要的银行家住在太谷，所以这里常被称为"中国的华尔街"。

其实，这时晋商作为一个商帮已经衰落，但晋商的余晖仍让宋霭龄惊叹不已。甚至当我20世纪50年代生活在太谷时，仍能从那一座座

孔家大院还是相当有特色的。这是孔家大院宅院内景。

紧闭着大门的院落、同学家中的陈设、同学父辈的葬礼中感受到富贵的气息。试想,鼎盛时期的太谷又该是何等的繁华?

除了在"以富为罪"的阶级斗争的年代,人们无论当时如何,都愿意夸耀"祖上富过",以当富人的后代为荣。孔祥熙也一样,无论他后来多富,官有多大,也总以晋商后人自居。

1958年,当他退隐寓居美国时对美国记者朱莉·连英说:"我们家在票号生意上很活跃,我家同好几家票号有联系,而且是志成信票号的主要股东。"他还说,他祖父创办了义盛源公司、广茂兴药材庄、开封染房;他二伯父是志成信票号在甘肃、陕西分号的经理;他父亲是北京志成信票号的文案。

台湾出版的《民国人物列传》中说,孔氏"清乾嘉间已成太谷的名门望族，孔裔七十二代宪仁，创志成信，长侄庆麟，号设义盛源票号，经营金银买卖、汇兑，兼营苏广杂货，在北京创办志一堂镖局……并设会通盛专办存放款业务，后设会通远从事汇兑，设广茂兴于广州。此外原有北京义和昌、奉天源泉博及自他人手中购买的太谷三晋源，在各地有分支，远如库伦、迪化，乃至安南自贡。义和昌在日本有支店，独家经营中日汇兑。庆麟五子三女，其中三个儿子承父业，老三繁慈主持太谷义盛源和三晋源，生独子祥熙"。

这样看来，孔祥熙的先辈不仅是富过，简直是大富过。但这些说法是事实吗？著名的晋商史专家张正明教授告诉我们，这里提到的孔氏的确可以上溯到孔子，且不说此孔是否大富过，并不是孔祥熙这一家的孔却是事实。

先来看看孔宪仁与孔祥熙的关系。根据孔德成1937年主修的《孔子世家谱》，孔宪仁和孔祥熙的曾祖父孔宪昌仅仅是堂兄弟（同一个祖父），而且这两支在上两辈时已经分立门户。孔宪仁家住太谷城内衙门街，孔宪昌家住太谷的程家村。无论孔宪仁如何富，与孔祥熙的关系还是太远了。按中国家族的算法，已经出"五服"了。

那么，孔宪仁有那么辉煌吗？根据现存同治十二年（1873年）正月初一太谷志成信票号的合约，该票号共有股东21个，控股的大股东是员氏，有3个股东姓孔，但并非孔宪仁。孔宪仁只是顶一俸身股的掌柜。因此，所谓"志成信票号的主要股东"之说不能成立。

那么，其他事情呢？《民国人物列传》中说的"奉天源泉博"是太谷首富曹家在东北所设的票号，与孔氏任何人都无关。太谷的票号共有九家，也没有什么"义盛源"和"义合昌"。真不知《民国人物列传》的作者是如何编出这些事情来的？

孔祥熙称其祖父孔庆麟开办的广茂兴药材店其实是孔宪仁之子孔

庆丰办的，后传给其子孔繁榕。抗日战争爆发后，孔祥熙已经由官而富了，孔繁榕因无力经营才将其卖给孔祥熙。

那么，孔祥熙家的真实历史如何呢？他的曾祖父孔宪昌23岁时科考失败，27岁时因患肺病咯血而亡。其临终遗言是"要学习先哲的教诲，但绝不要为求仕而参加科举考试。我的后代中谁违背了我的遗嘱，我就不承认谁是我的后代"。一个科考失败的人与在志成信拿一俸身股的孔宪仁差别太大了，真是同孔不同命。

把孔祥熙的祖父孔庆麟说成孔宪仁的长侄有点远，充其量只是没有什么经济或政治关系的远房侄子。而且，他也没有开义盛源票号、设广茂兴于广州及其他壮举，无非一个普通人而已。孔庆麟早亡，又没什么遗产，富是绝对谈不上的。

孔祥熙的父亲孔繁慈也没当过志成信北京分号的文案先生。孔繁慈年轻时抽大烟，把本来就不多的祖产家业都糟蹋光了。后来曾在太谷城乡不少地方当过家庭私塾教师。后来加入基督教（山西这一带教民颇多），又到教会小学任国文教师。孔祥熙的父辈中只有五叔孔繁杏是拔贡出身，宣统二年（1910年）当过保定府新城县知县。不过辛亥革命后，这个官也当不成了。

其实孔祥熙绝非晋商富家子弟，而是穷孩子出身。幼年时他穷困潦倒，维持生计尚且不易。如果在今天，恐怕还是个"低保户"。孔祥熙10岁时患病，由于父亲的关系，经在太谷的美国教会医生治疗而痊愈。从此，孔繁慈、孔祥熙与美国教会建立了关系，并加入基督教。孔祥熙聪明好学，受教会帮助赴美国留学。"海归"的身份在当时比现在更有用。孔祥熙回国后先在商界打拼，后与宋霭龄结婚，利用宋家的势力进入官场，因官发财，成为富可敌国的"四大家族"之一。

游山西　话晋商

孔祥熙夫妇在孔家大院的合影，想必是20世纪30年代初那一次省亲时留下的。

无论如何，孔祥熙总是近现代史上有影响的大人物。如何评价他，也是仁者见仁，智者见智，盖棺难以定论。他以晋商的后人自居，我想是有两种心态在作怪。一是鲁迅先生深刻分析过的中国人的劣根性之一，以"祖上富过"来掩盖今日之穷，像阿Q的精神胜利法。中国人的劣根性，大人物也难免俗。另一点，也是更为重要的是，孔祥熙作为"四大家族"之一利用权力暴富是国人皆知的，名声也不大好。他把自己说成晋商后人是想证明其财富来自祖传，或自己有晋商致富的基因。说得严重点，就是为自己来历不明的财富辩护。

现在晋商火起来后，不少姓乔、曹、渠、常、冀、侯、李等晋商巨贾姓氏的人都以晋商后人自居。"阿Q精神"又回来了。当然，常人吹吹牛，攀龙附凤一下，并不犯法，也无所谓。但如果你在山西旅游时，有人自称晋商子孙，家中有金银元宝，甚至外国的股票等，要便宜卖给你或与你合作，则千万要小心，不要上当。记住一个基本常识，世界上没有免费的午餐，一个并不熟悉的人为什么要把钱给你呢？

无论孔祥熙与晋商有没有关系，也无论如何评价他，太谷的孔家大院还是值得一去的。那是太谷城中现存较大，而且保存最完整的一座具有清中期建筑风格的大院，虽然不及灵石王家大院、祁县乔家大院、太谷曹家三多堂、榆次常家庄园那样恢宏有名，但还是相当有特色的。只要不遇上自称孔祥熙后人的人要卖给你金元宝，或与你分享孔氏在美国的财产，肯定会不虚此行。

36

山西人不"抠门"

晋商的大气

严于律己,宽以待人,
生活上"抠",事业上大气。
这才是山西人,才是晋商。

游山西　话晋商

在许多人心目中，山西人是最"抠门"的。一则笑话说，山西人用扇子的方法是把扇子固定起来，让头左右摇动，以保护扇子。这是我听过的最挖苦山西人的"黑色幽默"了。风靡全国的电视剧《乔家大院》中活灵活现地塑造了一位代表山西人"抠门"的"天下第一抠"陆大可，由著名演员雷恪生先生扮演。

"抠门"，说得好听点是"节俭"；说得难听点是"小气"，对人不够大度。从这两个意义上说，山西人"抠"不"抠"呢？

应该说，由于长期贫穷以及儒家文化的影响，中国人一向有节俭的传统。这一点在山西人身上表现得十分突出。与徽商的奢侈相比，晋商即使在创业成功后也是节俭的。明人谢肇淛在《五杂俎》中就说"新安奢而山右俭"，新安指徽商，山右指晋商。明人沈思孝在《晋录》中也说："晋中古俗俭朴，有唐虞之风。百金之家，夏无布帽；千金之家，冬无长衣；万金之家，食无兼味。"从这个意义上说，山西人是"抠门"的。那位陆大可就是典型。

山西人"小气"吗？起码那些成功的晋商并不"小气"。他们对员工、对客户、对同行、对国家与社会，都显示出了慷慨大度的大气。晋商的财富不是"抠"出来的，是在为社会作出贡献的同时创造出来的。像周扒皮那样的"抠"是成就不了任何事业的，更别说晋商这样的大事业了。晋商的大气是他们事业成功的精神力量。

晋商是如何对待员工的？我们来看一位晋商员工后人的回忆录。燕师姑女士的父亲燕喜曾经在乔家的大德通票号当学徒、工作过。他的待遇如何呢？

先来看吃。晋商的掌柜、伙计都由东家供给食宿。他们的伙食是："每天中午有酒有肉。冬天午饭顿顿加黄酒，还加两个火锅，一个是猪肉火锅，一个是羊肉火锅，各取所好。主食多是面食，花样繁多，有剔尖、拨鱼、拨面、涮面、拉面、擀面、圪垛儿、揪疙瘩、压饸饹、肉包子、扁食、烫面饺子、羊肉饺子、肉火烧、脂油饼、油糕等等，十天半月不重样。早饭晚饭一般是稀饭，冬天时早饭另有油茶、面茶，配有各种饼子：太谷饼、孟封饼、炉食、薄脆、糖墩墩、肉墩墩、火烧、卷子、馍馍等。"说真的，这些吃的连我这个生活在小康之家的山西人也没吃过，甚至没听说过。

穿什么呢？"衣着穿戴十分讲究，属当时一流风貌。夏天穿丝绸长衫、短衫，面料多用纺绸、串绸、春绸、宁绸、湖绉、线绉、石罗、夏布、玉水绸等；冬天常穿长袍、马褂、坎肩、呢子大氅，面料有贡丝缎、织锦缎、提花缎、坎缎、德国缎、铁机缎、礼服呢、直贡呢、双丝格、海胡绒、栽绒、平绒等。"

交通呢？无论探亲还是公出，"走平川是轿车接送，走山路多是骡拖轿，有时也坐架窝子，民国以后也乘过火车，一应花销全由柜上支付，几十年都如此"。

收入呢？燕女士父亲的"劳金"第1年银子2两，第2年4两，逐渐增加到第14年的100两；还可以享受顶身股，3年分一次红，从0.5厘起，过5年加1厘。民国十六年（1927年），燕女士的父亲辞商归里时，身股2.5厘，共分得银洋8 000元。这些钱当时可在交城城内买宅院两处，在城北坡底村一带买良田二三十亩。

这样对待员工的东家，你能说"抠门"吗？而这绝不是大德通票号一家的情况。如果其他商号、票号不这样善待员工，能吸引并留住

游山西　话晋商

一流人才吗？

　　晋商对客户也不"抠门"，这就是诚信待客的传统。《乔家大院》中乔致庸不允许把掺了假的麻油卖给客户，在历史上是确有其事的。还有一件事发生在乔家的大德通票号。大德通的存款以本省为主，放款主要在外省。1930年前后，阎锡山在山西发行晋币，与中央银行发行的新币等值。阎锡山在蒋阎冯大战中失败后，晋币贬值，在市场上25元晋币才能兑换1元新币。大德通如果用晋币支付储户，可以借晋币贬值发一笔财；而如果用新币支付储户就要吃大亏了。但东家乔映霞却坚持用新币支付。他说，"我们是大户，即使破产了也衣食无忧，但那些小储户要是破产了就会家破人亡"。这次晋币贬值使大德通元气大伤，但乔家并不后悔。红遍海峡两岸、大江南北的话剧《立秋》中丰德票号面临破产也要用祖上积累的70万两黄金向储户支付的感人故事即以此为原型。你能说这样的晋商"抠门"吗？

　　晋商把同行商号称为"相与"。他们主张善待"相与"，和气生财，有许多"万两银子一句话"的故事。随便举几个。旅蒙商号大盛魁善待"相与"，300两银子以下的买卖，从不与卖家砍价。对自己的供给商从不以大欺客，当供给商有困难时还借垫银两，予以扶植。这使大盛魁可以"集二十二省之专货"。还有一件事是乔家的。1936年，在包头也算颇有名气的双发公字号经营不善，欠乔家复盛公商号5.6万银元，无力偿还。双发公东家杨老五的儿子到乔家给"映"字辈东家们磕了一个头，就免了一半的债务——2.8万银元，折合成今天的数目可是150多万元啊！包头广义绒毛店欠乔家复字号5万银元，以价值数千元的房产抵债了事。乔家的原则是，当商号停止时，先要把欠别人的款全部归还；至于别人欠自己的，能收回多少算多少。这些行为也不是"抠门"可以解释的。

　　许多晋商并没有读过多少四书五经，但他们都深受中国儒家文化的熏陶，把儒家思想作为自己做人和经商的指南。儒家文化的核心是集体主义。无论是什么人，从事什么职业，都应该关心国事、天下事，要关心百姓，为国分忧。商人关心社会公益事业、关心国事是中国的传统。晋商在经商活动中体现了这种精神，他们对社会、对国家毫不"抠门"。我们将在"常家的戏楼——灾年的晋商"一章中介绍晋商如何救灾、办义学，奉献于社会公益事业。这里我们再介绍一下晋商为国家所做的事。

　　清政府在统一全国的过程中及历代大规模的军事活动中，得到了国内商人在财政上的支持，晋商海内最富、实力最强，贡献也最大。

　　康熙时期，清政府平定准噶尔部首领的叛乱。一些晋商随军进行贸易。他们跟随清军深入蒙古草原各地，贩运军粮、军马等军需物资，保证了清军的后勤供给。其中最著名的是介休范氏，为清军运送军粮百余万石，以私财支援军饷，为政府节约开支600余万两白银。后来，这样的事情屡见不鲜。

乾隆二十四年（1759年），清政府在伊犁屯田，山西盐商捐输白银20万两。乾隆三十八年（1773年），清政府在金川用兵，太原等府州商人捐输白银110万两。乾隆五十七年（1792年），清政府在后藏用兵，山西盐商捐输白银50万两。嘉庆五年（1800年），山西商人捐输白银140万—150万两。咸丰初年（1851年），管理户部事务的山西寿阳人祁寯藻上奏，从咸丰二年二月起到咸丰三年正月，山西商人共捐输白银近160万两，占全国捐输的37%，为全国之首。同治三年（1864年），清政府在新疆用兵，山陕商人又筹集军饷。清人徐继畬说，这次筹饷"晋省前后捐输五六次，数逾千万两"。

清政府后期财政困难，晋商又向政府垫支、贷款，解了其燃眉之急。从同治五年（1866年）到光绪九年（1883年），左宗棠任陕甘总督时收复新疆，共向民间票号借款11 653 730两白银，其中晋商为8 823 730两白银，占全部借款的75%以上。为此，左宗棠还为乔家和常家题写了对联，以表谢意。

晋商的这些捐输和贷款既有迫于政府压力的原因，也有赚取名声（获得虚职）或商业之动机，但不可否认的还有为国解忧的信念。无论动机是什么，这些钱都有利于国家的统一和安定，是为民族所做的善事。

知道了这些，你还认为山西人"抠门"吗？其实看过《乔家大院》的人都知道，"天下第一抠"陆大可只是对自己"抠"，但对乔致庸事业上的支持并不"抠"。严于律己，宽以待人，生活上"抠"，事业上大气。这才是山西人，才是晋商。

37

遍及各地的会馆

晋商的群体精神

晋商所建的会馆
不仅北京、天津这样的大都市有，
连许多人没听说过的
河南南阳赊旗镇、江苏盛泽西肠圩这些地方也有。

游山西　话晋商

担任过上海戏剧学院院长的余秋雨先生经常陪外宾去参观苏州的"中国戏曲博物馆",几乎每次客人们都惊叹不已。尤其是那精美绝伦的戏台和演出场所,连贝聿铭这样的国际建筑大师都视之为奇迹。当余秋雨知道整个博物馆的原址是"三晋会馆",即山西人到苏州来做生意时的一个聚会场所时,感叹道:"说起来苏州也算富庶繁华了,没想到山西人轻轻松松来盖了一个会馆就把风光占尽。"

这样的会馆其实不仅苏州有,在全国至少五十多个城市都有。不仅北京、天津这样的大都市有,连许多人没听说过的河南南阳赊旗镇、江苏盛泽的西肠圩、新疆巴里坤这些地方也有。

而且,在遍及全国的山西商人会馆中,苏州的也并不是最豪华、最壮观的。建于乾隆年间的河南开封山陕会馆巍峨壮丽、布局严谨、装饰华丽,其砖雕、石雕和木雕精美绝伦,堪称"三绝"。山东聊城的山陕会馆从乾隆八年(1743年)开始建,不断扩大,用了66年时间,耗银数百万两,占地3311平方米,如今已是国家重点保护的文物。

这些宏伟壮观的会馆体现的不是晋商的富有和大气,而是那种促使晋商成功的群体精神。

会馆是同乡人在异地的聚会场所。山西人在外地的会馆最早由山西万泉人贾仁元在明代中期所建。贾仁元在嘉靖四十一年(1562年)中进士,曾任兵部左侍郎。他当时住在崇文门外,把自己的宅院辟为三晋会馆,供同乡聚会。不过,这并不是商人的会馆。晋商的会馆出现在明代万历年间后期,最早有山西颜料商人在北京建立的颜料会

37 遍及各地的会馆

这就是令余秋雨、贝聿铭为之惊叹的中国戏曲博物馆,也就是原来的三晋会馆。

馆,以及临汾晋人在北京建的山西会馆。后来,随着晋商向全国的扩张,在各地都建了会馆。会馆由商人共同筹资自发建立,并向官府申请设立。各地商人在不同地方都建有会馆。会馆建得如何反映了某地商人的实力。晋商实力最强,他们的会馆最多、最宏伟,也是必然的。

晋商被称为"商帮"。在中国历史上,"商帮"是以地域为纽带形成的松散的商业联盟。这个"商帮"的作用就在于发挥群体精神,实现其中每一个个体的成功。在"商帮"内部,各个企业集团是以血缘为纽带的群体即家族企业,而整个"商帮"则是以地域为纽带的群体。在那个时代,整个社会没有建立起以制度为基础的无限信任,也没有制约各个商家的立法制度(比如,直至1906年清政府才有关于银行票号的立法,此前票号的建立、经营没有制度约束,连税也不用交)。但商业的正常运行需要企业之间的有限信任,也需要对企业行为有某种约束与限制,以及企业之间的相互帮助。这一切都需要各个"商帮"自己去解决。群体精神正是解决这些问题的唯一途径。群体精神的实现在本地是有各种形式的行会或其他有形与无形的组织,在外地就是会馆。

聊城山陕会馆是现存最宏伟的晋商会馆。在它恢宏气势的背后是晋商的群体精神。

晋商把会馆的功能定位为"报神恩，联乡情，诚义举"。"报神恩"实际上是通过对神灵的祭拜形成或加强共同的意识形态，这是发挥群体精神的思想基础。"联乡情"不仅是联络同乡人之间的感情，而且包括行为的协调与约束，通过乡情达到合作的目的。"诚义举"则是通过相互之间的帮助，起到一种保障的作用。我们就从这个角度来介绍晋商会馆的活动。

最早的会馆并不是商人的会馆，后来也不是所有的会馆都是商人的。无论是商人还是其他人办的会馆，最基本的作用就是联络同乡人之间的感情。一个人到外地经商或从事其他活动，没有了家乡的亲人和朋友，总会有某种寂寞感。有个固定的场所大家聚一聚，吃家乡饭，喝家乡酒，欣赏家乡的戏曲，用家乡话交流，自然可以减少思乡之情，为在外地的寂寞生活增添些许色彩。感情是做一切事的基础，有了这个基础，才有发挥群体精神、互相帮助的可能。商人的会馆同样重视这一点。临襄会馆就把其宗旨定为"会馆之立，所以联乡情，笃友谊也"。临汾会馆则是为了"敦睦谊，联感情，本互相而谋福利"。各个会馆也都会组织这类联谊活动，比如过年过节时的聚会或看戏。也正由于这个需要，每个会馆都有戏楼。

某一地区的商人都有共同的神灵信仰，例如，晋商对关公的信仰。在异地经商的同乡要表现出自己对神灵的信仰，在精神上需要神灵的保护，建立会馆的目的之一正是为了"报神恩"。会馆内供奉他们所崇拜信仰的神灵，定期举行祭祀活动。实际上，神灵的祭祀甚至早于会馆的建立。北京的山西颜料会馆最早为关公、玄坛、财神、真武大帝和葛梅二仙的庙宇，以后扩大为会馆。洛阳的潞泽会馆最初为关帝庙。山东聊城的山陕会馆又称关帝庙。晋商会馆中敬奉、祭祀的最主要的神灵是关公，此外还有不同行业的神灵。例如，在北京的临襄会馆就还奉有财神、玄坛、马王、火帝、酱祖、醋姑、酒仙等。这与临襄人在京多经营日用杂货相关。

每一个"商帮"都是一种松散的商业合作形式。要保证这种合作，就要有共同的行规来制约同一"商帮"中不同个体的行为。会馆是同乡商人聚会公议的地方，公议的主要内容正是制定行规，并保证对违规者进行处罚。这些行规虽然没有现代立法的约束力，但在一个"商帮"内部约束力还是相当强的，是一种非正式立法。例如，河南舞阳北舞渡晋商杂货行于乾隆五十年（1785年）公议确定了杂货行行规，并立碑为记。其中规定，"买货不得论堆，必要逐宗过秤；不得合外分伙计；不得沿路会客；落下货本月内不得跌价；不得在门外拦路会客，任客投至；不得假冒名姓留客，结账不得私让分文；不得在人家店内勾引客买货；不得在栈房门口树立招牌，只写某店栈房"；等等。这些行规大多是为了防止内部恶性竞争，违者"罚银五十两"。

会馆不仅要维护内部的竞争秩序，而且要作为"商帮"的代表维护市场秩序。清光绪年间，归化市场上有民间铸造的含铜量不足的钱，被称为"沙钱"。这种"沙钱"的存在影响了正常交易。晋商在当地的会馆三贤庙内设交换所，用足成的制钱来换不足成的"沙钱"，费用由各商家分摊。然后将"沙钱"熔毁，铸成铜牌一块，上刻有"永禁沙钱流通"，有效维护了市场秩序。道光年间，北京市场上秤的砝码不准，颜料会馆公立标准行秤四杆，新量银砝四块，每块重五十两分，作为标准，分到四城公用。这些事都是一家商户办不到的，会馆的作用就显得相当重要了。

会馆另一个更重要的作用是，用组织的力量维护同乡或同行商人的合法权益。当时有牙行存在，牙行在买者与卖者之间进行盘剥，尤其损害了外地商人的利益。会馆就利用团体的力量，以及在当地与官府和各界的广泛关系，维护商人的利益。例如，山西河东产烟叶，不少人在京从事烟业。但这个行业由易州人的烟庄牙行控制，河东烟商被他们剥了一层皮。后来河东烟行会馆与牙行交涉，终获胜利。晋商在京的纸张、颜料、干果、烟行等也有共同的行规。但光绪八年（1882年）二月，六吉、六合、广豫三个牙行突兴讹赖之举，凡各行由津采买运京之货，每件要交二钱银子。众行不依，他们还恶人先告状，告到宛平县。晋商各行也把牙行告到大兴县。后经两县会审，不准牙行妄生枝节。类似这样的事情还有许多。

会馆的"诚义举"是对同乡人的救济。会馆为有困难的同乡人提供免费食宿、给予资助，助其返乡，或者在义塚埋葬不幸客死外乡的同乡人。

37　遍及各地的会馆

　　会馆有按行业组织的，也有按地区组织的。会馆还加强同乡各行与各地商人或其他"商帮"的联络。不少会馆之所以被称为山陕会馆，就是包括了晋商和陕商。各商帮之间的联系对各方都有利。一些会馆还协调同行与同乡的交易，甚至在会馆内提供交易场所。

　　会馆已成为历史，商人的组织演变为各种官方或非官方的行会，但会馆体现出的群体精神永远不会过时。

38

山西人不浪漫

晋商的家庭

与其他商帮富人骄奢淫逸的生活相比，
晋商对男女之情还是相当严肃的。

游山西 话晋商

电影《大红灯笼高高挂》是在乔家大院拍的，有人就以为晋商成功之后过的是妻妾成群的日子。电视剧《乔家大院》中有乔致庸一生与表妹江雪瑛"剪不断，理还乱"的婚外恋情，有人也以为晋商事业与感情两不误，好浪漫啊！

其实这些想法都错了。与其他商帮富人骄奢淫逸的生活相比，晋商对男女之情还是相当严肃的。比如徽商中较为普遍的情况是"家中红旗不倒，外面彩旗飘飘"，即家里有位结发妻子，到扬州等地经商后又在当地纳妾。有一位盐商竟纳妾一百多位，人称"百妾主人"。晋商中也不是没有纳妾的，但并不普遍，而且数量绝没有如此之多。晋商是纯粹的商人，他们的婚姻实际上是从商业活动的需要出发的。也许他们太看重事业了，不屑于把时间用在浪漫的男女之情上，即使是纳妾，也更注重传宗接代、多子多福。

乔家大院的主人在晋商中对于家庭和婚姻是最严肃的。当年乔家第一代乔贵发早年父母双亡，因贫困而被人看不起。这时村里一位程姓姑娘对他有所帮助。当然他们之间有没有一点朦胧的爱情，只能"大胆假设"，而无法"小心求证"了。后来乔贵发出去经商，程姑娘嫁人后丈夫去世，带个儿子租住在乔家的破屋中，常为乔贵发扫扫祖坟。十多年后，乔贵发经商成功，回到家里娶了这位带孩子的程姓寡妇。

当时乔贵发三十多岁，有钱又成熟，正是最抢手的精品男人。追求他的富有、靓丽女子肯定不少，他为什么要选一位在今天看来条件

38　山西人不浪漫

庄严的乔家大院中高高挂起的红灯是为了照明和象征吉祥，而不是选择妻妾。晋商看重的是事业，而不是浪漫的男女之情。

并不好的寡妇呢？我想，这里起作用的，不仅仅是感恩或者似有似无的感情，而是事业的需要。一个追求事业的男人，需要的是一个稳定的家庭，家和才能万事兴。他需要的不是那种风情万种的交际花，也不是那种只知花钱而不会持家的富家女。程姓寡妇是贫穷的，大概也不像《乔家大院》中乔致庸的妻子陆玉菡那样浪漫，当然还不漂亮。但她善良、本分，能主持一个和睦的家庭。我想，乔贵发看上的正是这一点。事实证明，她的确是乔贵发这个成功男人背后的女人。

乔贵发深知妻子和家庭对事业成功的重要性，在去世前立下家规：乔氏家族的子孙不准纳妾。我想这个家规绝不仅仅是一种道德要求，而是包含了家族事业发展的需要。晋商都是以家族企业为核心，即使在以后有了股份制，家族仍然是中心。家族当然希望多子多福，多子事业才能做大。但在封建社会中，正妻生的嫡子与妾生的庶子的地位是不同的。各房妻妾之间的矛盾不利于家和，妻妾们生的子孙之间的争斗会使"堡垒从内部垮掉"。大商贾家庭内的豪门恩怨并不少见，避免的办法只有一夫一妻制，不许纳妾。

乔家的后人都遵守了这个家规。乔致庸有过六房妻子，但都是一个去世又继娶了一个，绝非同时拥有。在那时不生儿子被视为"无后为大"，是纳妾的正当理由，但乔家人即使无子也不纳妾，而是从别的兄弟中过继儿子顶门户。乔家也有婚姻不幸者，但都不纳妾。乔映霞原配程氏，难产而亡。又娶杨氏，生子健，也去世。后在天津看病时认识年轻的护士刘氏。两人年龄差别大，个性不合，且刘氏另有所爱。乔映霞痛不欲生，曾跳楼，致髁骨断裂，终成跛脚。离婚后，乔映霞未娶。乔映霞的弟弟乔映霄，妻子马氏在天津被土匪绑票而死，终生未娶，更谈不上纳妾了。

当然，也并非所有晋商家族都不纳妾。根据程光和梅生先生在《儒商常家》中引用的资料，常家从一世到六世的25个男子都是一夫一妻，且有将近一半来自本村的"刘氏"和"王氏"。可见，家境状况决定了婚姻状况。七世、八世两代中有个别一夫两妻（一妻一妾），甚至一夫三妻的。到十世与十一世，151个男子平均每人娶1.5个女子，纳妾的情况出现了。十一世中，多娶现象明显增加，最多的有妻妾六人。十二世和十三世中，133个男子平均每人娶1.66个女子，84岁才去世的常炳共娶二妻六妾。可见，富裕之后像乔家那样不纳妾者并不多。

任何一个社会，夫妻双方都应是门当户对的，这不仅在于他们相似的经济与财富地位有利于家庭的稳定，而且对于政治家和商人而言，通过姻亲可以形成超出血缘关系的更大的家族集团，实现相互之间的帮助，共同强大。

晋商在创业和发展时都是与中下阶层的人通婚，但在成功之后，就在富商大户之间联姻了。我们在"官商一体成巨富——明代蒲州张王两家"一章中介绍的明代山西蒲州张王两家就是通过姻亲关系联合起来而垄断了河东、长芦的盐业贸易，成为山西第一代富商大户。后来的晋商大户也都"克隆"了这种模式。例如，乔家第四代"景"字辈，乔景僖娶太谷第一富户曹家女为妻，乔景俨娶太谷同知赵某女为妻，其他人也与富家女结婚。

乔家第五代"映"字辈，乔映奎之妻为大德恒票号掌柜之妹，乔映辉续弦为榆次富商常家女，乔映璜之妻马氏为富商马某女，乔映寰之妻又为榆次常家女，乔映庚之妻阎氏为大德通票号大掌柜阎维藩之女，乔映南之妻曹氏为太谷曹家女。乔家的女儿也嫁给了富商，如乔景仪之女嫁到榆次常家，乔景俨之女嫁到太谷曹家，乔景侃之女嫁给太谷富商、有"华北一支笔"之称的赵铁山。如果你仔细研究这些富商的婚嫁，发现都是在这个有限的范围之内。这个单子可以列得很长很长。

应该说，这种富户之间的联姻的确给晋商各家带来了好处。我还是有点相信遗传基因说的。这些大户人家的子女，继承了上辈的优秀基因，从小接受过较好的教育。他们的结合使下一代也容易优秀。恐怕这也是晋商中许多大户打破了"富不过三代"的规律，辉煌了许多代的原因之一吧。当然，这种因素不能扩大，成为"龙生龙"之说。

富户联姻更大的利益是建立并加强以血缘和姻亲为纽带的信任关系，实现相互之间的帮助与合作。晋商票号都发行靠信用支撑的"钱帖子"。乔家大德通票号发行"钱帖子"过多，引发流言四起，继而又引发挤兑风潮。曹家这时实力强大，乔家求助于曹家，曹家让自己的票号兑现乔家的"钱帖子",从而使乔家渡过难关。这种相互帮助反映了晋商的集体精神,但也与乔、曹两家的联姻不无关系。

　　晋商希望通过婚姻使家庭事业做大,但我们也应看到晋商大家族中不同门户的贫富分化。乔贵发有三子,全德为程氏寡妇带来,全义与全美为亲生。全德一支早已衰亡,全义一支重文,曾出过三个举人,但经商并不成功。最后成功的是全美一支,乔致庸、乔映霞均为其后人。但在这一支中也有衰落者,如乔映霄和乔映南。

　　常家也是如此。榆次车辋村常氏一世常仲林放羊为生。其成功的关键是八世常威。常威有三子:常万玘、常万旺、常万达。长子常万玘在村南盖院,被称为"南常",所开商号十家,名字中都有"玉"字,故称"十大玉"。二子常万旺早年移居张家口,以务农为生,家道早衰。三子常万达在村北盖院,被称为"北常",所开商号十家,名字中都有"德"字,故称"十大德"。"北常"主要从事对俄茶叶贸易,相当成功。"南常"也成功,但略逊于"北常"。常氏后人中,"南常"约为20%多,"北常"约为70%多。但即使在"北常"中,贫富分化也相当大,最穷者的家产仅为最富者的3%;吸食鸦片而把家产卖光者也不在少数。

　　富商大户的创立者总希望子孙代代成功,而婚姻是实现这一目的的手段之一。而且,婚姻也的确有一定的作用。但随着家族的分化,有兴盛,有衰落,是正常的。"无可奈何花落去",也是晋商各富户的必然规律。

39

创造财富的那一半

晋商中的女性

每个成功的晋商背后
都有一个默默奉献的女人，
每个失败的晋商背后
也有一个被人忘却的伤心女人。

中国封建社会是男人的世界。一部《二十四史》除了后妃之外，留下名字的女性仅908人。晋商的历史和故事中，男人也永远是主角。

历史记载的不一定是事实，历史没有记载的也不等于不存在。从亚当和夏娃起，男人的一半就是女人。在历史上记载的男人的成就中，必定有一半属于女人。晋商创造的财富也不例外。

最初让我有这样想法的是我家乡的一位女子。我的家乡在山西临汾附近的霍州，那里的元代衙门是国内保存最完整的县衙。霍山山青水秀，明清时是南来北往的交通要道。这里可以上史册的大商人没有，但在当地颇负盛名的商家还不少，其中最大者是安家。清末民国初年，时世艰难，安家两代男人都毁在了鸦片上，身为妻子和母亲的安氏撑起了这个家。家乡的文史资料中记录了这位奇女子。

这样的女性在晋商大户中也不少，而且留下了文字记载。

介休的冀家是上了徐珂"排行表"的大户，可惜七代单传，人丁不旺。其十七世冀国定的第四房夫人是"诰赠中议大夫"马培和之三女，她为冀家生下了五子九女，实现了人丁兴旺。可惜在长子尚不足20岁时，冀国定去世了。这位被称为马太夫人的女子承担起了治家、育子、经商三项重任，成为冀家历史上承上启下的关键人物。

马太夫人接管冀家商务之时，正值太平天国起义之初。当其他晋商对此事尚且无动于衷时，她敏锐地感到南方动荡中的风险，果断地决定收缩在湖南、湖北的商号，把五六十万两银子调到天津当铺。在这次社会动荡中，许多晋商经历了"撤庄"风波，损失不小，唯独马

39 创造财富的那一半

冀母马太夫人所在的村庄——北辛武村。
无论这个门楼是不是为马太夫人所建,她的事迹永远让后人感动。

太夫人主持的冀家不仅未受损失,还使家业重振。这样的眼光让人不得不佩服。

据记载,马太夫人"综理内外,悉能洞烛其微"。冀家南北贸易商号几十处,她足不出户却能掌控全局。掌柜们送来的账单略有错漏,即被指出。而且,她待人宽厚,多了几分女性的细心和慈悲,员工都愿为之效劳。在男人的商业世界中,她赢得了广泛的尊重。当时,当地每年有一次作为商业中赊购结账期的开标期。马太夫人不到,标市不开。因为人们不知道她的态度,无法开标。一个女人当时能有这样的地位,在晋商史上是独一无二的。

马太夫人还是一位治家能手,富而不奢,"衣不尚文绣,食不期丰腴"。但她关心国家,广行善事。在清政府镇压太平天国运动时,她"屡次助饷,凡数十万金"。咸丰末年,山西大旱,她"发所储粮赈之,不足又买粟以济"。她平时周急济困,修佛寺,造桥梁,"随分尽心,不可胜纪"。

马太夫人主持家务二十余年,子女成人后她把财产分为六份(五个儿子以及她与祠堂各一份)。五个儿子的字号中都有一个"信"字,被称为"五信堂",各自发展自己的事业。同时,又把乾盛亨布庄改为票号,由五家共同经营,并注入资本,扩大业务,作为家族事业的核心。在她的这种安排下,冀家又走向兴旺。清人徐继畬在《冀母马太夫人七十寿》中记载了这位晋商巾帼英雄的事迹。

晋商中像马太夫人这样的女性并不是个别的。

另一位使家族"蹶而复振"的女性是太谷武家的杨氏。武家也是晋商大户。清末民初,晋商进入衰落时期,史书记载"太谷商业被毁者十之八九,富者随之以贫者其数称,大多一蹶不振"。但是,"太谷城南门外西庄村武氏育堂公家独能蹶而复振,且能屡振屡蹶,而终于振"。其功臣就是武育堂的夫人杨氏。丈夫在世时,杨氏作为贤内助革除了富家讲排场、摆阔气的习惯,勤俭持家。丈夫去世后,杨氏主持家务,严督子孙。她善于利用子孙的不同才能,让宜商者从商,宜学者入学。在她的主持下,经商者从商成功,入学者入官为仕,家道中兴。《武母杨恭人墓志》(恭人指四品官的夫人,武育堂生前有四品官的名分)记载了她的事迹。

还有一位在太谷经营票号的王燮堂(名正国),其继室为武氏。他们结婚两年后,王去世,留下了前妻13岁的儿子,且所经营的票号负债累累。武氏看出了票号衰败的趋势。她认识到,"票号命脉与国运相维系。国运衰,票号前途不保"。在庚子事变之后,武氏毅然脱离当时正值盛期的票号业,收回资金,清理债务,弃商为农。她卖掉首饰，裁减佣人，以富贵之身操劳农桑。"杂佣保中，课田作，汲汲如不终日"。经过十年辛苦，高大的房子盖起来了，土地连成片，儿子也中了秀才。对自己，"治田也勤且俭，虽至糠秕亦必筹夫用途，而不使货弃于地"。但对公益事业，毫不吝啬。她有一颗善良的心，"独于慈善事业竭财力不少惜，军民缺饷，捐金钏助之"。她的所作所为受到当地人的称赞。太谷另一富商大户孙氏家族的举人孙丕基为她撰有《王君燮堂继室武氏墓志铭》。

当然，晋商中有经商天分的女性绝不止这些。之所以记载得少，无非是因为她们没有这样的机会，或者做了同样的事却没有被记下来。如果是在男女平权的世界，晋商中同样会出现可以进入排行榜的女性。

不过在传统社会中，更多的晋商家族女性不是运筹帷幄，或者外出经商，而是在家孝敬父母，相夫教子。她们主持家务，处理大家庭中各种复杂的人际关系，维护了家庭的安宁。商场拼搏的晋商有了一个稳定的后方，才有了成功的基础。就凭这点功劳，晋商创造的财富中就应该有她们的一半。她们是成功男人背后默默奉献的女人。

晋商的婚姻大多是门当户对的。出身于富贵之家的女性，知书达理，心地善良，在操持家务、教育子女中显示出才华。这样的例子比比皆是。例如，常家八世常库主要在张家口一带经商，家中一切由任太夫人主持。她尽管出身大户人家，但在常家亲自打水舂米，洗衣做饭；有肥美的食物不忘粗茶淡饭，有锦衣美裳不忘自己洗涤。她在家孝敬长辈，和睦妯娌，善待亲友，"不因好恶而有私心，能以亲睦而明是非"。有了这样的夫人，常库才能在外一心经商而取得成功。十世常怀珮的续弦夫人孙氏嫁过来时常家已有五个儿子、两个孙子，整个大家庭有百余口人，她主持家务"贵而能勤，富而能俭"，赢得族人敬仰。她92岁时，同族五世为她祝寿。常家能有这样的成功正有赖于这些优秀的女性。她们没有下武夷山、去恰克图，但常氏的辉煌中能缺少她们默默的奉献吗？

晋商的男性奔波在外，风餐露宿，固然是辛苦的，但女性在家长期寡居，承担家庭重任，也有许多辛酸的泪水。成功者，终有盼头，家族兴旺，她们也有了回报。但别忘记，还有更多的失败者，付出的艰辛一无回报，家中的女性连贫苦人家的妻子都不如。介休蔚字号东家侯从杰之妻，人称侯四太太。丈夫去世后，她管理侯家的庞大产业。虽然她没有使侯家振兴的才能，也无法挽回侯家衰败的趋势，但主持一个事业如江河日下、子孙又骄奢淫逸、几乎人人抽大烟的家庭，其难度该有多大。在这种危机时刻，她毕竟撑起了这个家，维持了残局。山西的许多县志中记载了不少丈夫客死他乡、新婚就与丈夫永别的妇女的遭遇。例如，××之妻孙氏"夫赴京客死"；××之妻郭氏"年二十八夫亡"，自己"孤苦伶仃十余年而卒"；等等。至今读到这些文字，仍让人伤心落泪。

每个成功的晋商背后都有一个默默奉献的女人，每个失败的晋商背后也有一个被人忘却的伤心女人。我们在回顾晋商的辉煌时，千万别忘了这些同样伟大的女人。

40

常家的戏楼

晋商的慈善事业

向来勤俭的常家,
为何要建一个戏楼呢?
原因不是为了自己享受,
而是作为救济乡里穷人的一种方法。

游山西　话晋商

在太谷看完孔家家园之后向北不远就是晋中市。晋中市原来是榆次市，现改为榆次区。榆次出了不少晋商大户，其中最有名的是常家。

在晋中北常后街东端北侧，有一座被称为中国民居"第一祠堂"的常家"北祠堂"。这个宽25米，进深160余米，三门四进，上下两院的祠堂中有一个相当精美的戏楼。这个戏楼始建于光绪五年（1879年），历时三年才完工，耗银两万余两。一向以诗书传家、勤俭持家为家风的常家为什么要在这时建一个戏楼呢？

光绪三年到五年，山西、陕西、河南、河北等北部省份遭受了三百年来最严重的一次旱灾，颗粒无收。当时驻在天津的万国救济委员会估计，因饥饿、疾病或暴力而死亡的人口达900万—1 300万。其中，山西受灾最严重，全省有三分之一人口死亡。

如此严重的自然灾害不可能不影响晋商的商业，常家首当其冲。常家被称为"外贸世家"，主业是对俄国的茶叶出口。大量的茶叶要长途跋涉5 000多公里从福建的武夷山一带运到恰克图。大灾之年，人畜饥饿而亡，无法组织起庞大的运输队伍，贸易量锐减。过去每年向俄国出口的茶叶为20万担左右，而这时仅有8 000担，贸易量仅为正常年份的4%。常家还要承担违约的赔偿，其打击之大，可想而知。这时常家已是有近800口人的大家庭，维持这么多人的生活也非易事。但这时，常家不仅捐出赈灾银3万两，而且还拿出了3万两银子盖这座戏楼。

这时常家盖戏楼不是为了自己享受，而是作为救济乡里穷人的一

40 常家的戏楼

我看常家庄园的这座戏楼时,欣赏的不是它的建筑风格,而是蕴涵在其中的一颗仁爱之心。

种方法。同乡的许多人平常还是过得上小康日子的,因而在这样的灾年难以放下面子去粥棚领取施舍。常家深知这一点,他们希望这些人有尊严地接受帮助,就想出了盖戏楼的方法。那些挨饿的人可以有尊严地吃下用自己的劳动换来的一餐一饭。常家规定,只要能搬一块砖就可以管一天的饭。大灾持续了三年,常家的戏楼也修了三年。常家盖的这个戏楼没有成本-收益核算,没有往日经商时的精打细算。从经济的角度看,盖这个戏楼是不合算的,但它体现出的那颗仁爱之心是无法用金钱来衡量的。

当然在这场大灾中,献出爱心的还有另一个大户乔家。乔家的掌门人乔致庸当时已年逾八旬,但他亲自作出决定:第一,家中所有的人,无论男女老幼生活一律从简,灾年期间一律不许做新衣服,更不许吃山珍海味；第二，凡乔家堡的人，按人发给足以维持生活的粮食，直到灾年过去；第三，在街上设锅施粥，而且要求所熬的粥一定要达到"插上筷子不倒，解开布包不散"的标准。电视剧《乔家大院》中再现了这个情节，虽然有点艺术夸张，但基本事实是存在的。

参与这场救灾的并非仅常、乔两家，而是整个晋商群体。短短几个月内，晋商共捐银12万两。蔚字五联号的东家侯萌昌捐银1万两，元丰玖票号东家孙淑伦先捐银1.6万两，后又捐米数千担。各家商号、票号都有不同数额的钱粮捐助。

晋商票号还承担了捐款的募集、汇兑与发放，协助政府进行救灾工作。蔚丰厚掌柜范凝晋受县令之托办理本县救灾事务。他主持捐赈局，号召本地士绅捐钱、捐物，并把食物分送给最困难的人家。他连续几个月工作，很少休息。日升昌掌柜张兴邦也动员亲友捐助。协同庆大掌柜刘庆和平日就热心公益事业，这时主动站出来号召乡绅捐钱、捐谷。

晋商在各地分号的掌柜也与家乡同仁共同救灾。蔚丰厚票号金陵分号掌柜范家俊受两江总督之托负责募捐之事。他四处游说，在短期内就筹款十余万两白银。在四川分号任职的温佩琛在四川财政困难的情况下，先垫支10万两白银汇往山西，后来又在四川士绅中筹募捐款达几十万两白银。这些都体现了晋商急公好义、关心百姓疾苦的精神。他们在救灾中的所作所为无愧于儒商的称号。

如果说这次救灾是晋商关心社会的集中体现，那么，这次行为的基础则是他们平日对百姓和公益事业的热心。

还是先说常家。道光十八年（1838年），常家十一世常秉直八十大寿，儿子常德元要为父做寿。常秉直说："值此饥年，粮价腾贵。与其宴客一日，曷若济贫三冬。"于是，常德元捐米60石，救济穷人。

乡人赠匾"德被桑梓"。光绪二十二年（1896年）大旱时，十二世常恽和十四世常望春号召富人捐资购米，每日按量发给村民。光绪二十六年（1900年），又旱灾。十四世常望春和十五世常运元捐资购米。时任山西巡抚的赵尔巽在光绪二十九年（1903年）奏请奉旨给常家"世德堂"和"世和堂"同赠"乐善好施"匾。常家还从事办义学、公学、修水利等社会公益事业。常家从九世到十四世，仅用于公益、救灾等事业的支出就达近百万两白银。他们还以自己的力量维护社会安定。道光二十年（1840年），归化兵乱，常家十三世常立训出资招募兵勇，维护了社会治安。类似这样的事情在常家远不止这一次。

同样，乔家不仅热衷于各种公益事业，而且他们的家风更体现了"仁者爱人"的精神。乔家善待佣人，不仅保证佣人吃饱穿暖，还尊重佣人的人格。佣人偶有小过失，从不恶语相侵，更不打骂虐待。佣人的工资相当高，除吃住外，奶妈每年有80两银子，厨师有100两，其他佣人五六十两不等。逢年过节另有赏赐，并把面、肉、柴、煤按时送到佣人家中。对在家服务多年的老佣人都养老送终。乔家不以富而横行乡里，对每个人都平等相待。乔家的一个传统是过年时给同乡的贫穷者送面、送肉，让他们过一个好年。乔家门口永远拴着几头牛，谁都可以无偿使用。如果乔家的狗咬了要饭的乞丐，从家里的太太到佣人，都会出来赔不是。无论衣服有没有被咬破，都要到高级裁缝铺给人家买一件赔偿。乔家在第一次扩建大院时，想买一家张姓的房子，但张家无论如何也不卖。后来张家出了人命官司，急于用钱，找乔家帮忙，乔家仍按高价买下。第二次扩建大院时，要拆迁王家的庙和大树，乔家另出高价又重在别的地方给王家建了庙、种了树，以求邻里和睦。

好人是有好报的。晋商大户尽管富可敌国，但并没有受到"仇富"的威胁。光绪年间，一股流窜的土匪想抢劫乔家，但在乔家找不到一个内应，在整个乔家堡村找不到一个耳目。面对乔家的高墙大院，只好知难而退。光绪二十七年（1901年），乔家堡村和邻村张庄发生械斗，乔映霞误伤人致死，有一佣人挺身而出替其顶罪。乔家在义和团运动时曾救过意大利修女，意大利政府特颁给其一面国旗，以资表彰。日本人入侵后，乔家把这面意大利国旗挂上，日本人看到是盟友的院子就未破坏。常家的老人去世时，三乡五里的人都来送葬。直至新中国成立后，这些大户人家的长工或佣人几乎没人出来控诉受剥削的"血泪史"。乔家当年的伙计王俊如今已90多岁，他仍把自己看成是"乔家人"，提起乔家无比亲热。

站在常家的戏楼、乔家人院前，或者阅读县志中有关晋商大户行善事的记载，我常想：我们应该敬仰的是晋商的财富，还是晋商那种"仁者爱人"的精神？我们今天应该学习的是晋商的经商之道，还是晋商的做人之道？

其实财富是过眼烟云之事，经营之道是技术层面的事，只有博爱的精神和做人之道才是永恒的。有了晋商的精神，才能作出晋商那样的事业；像晋商那样做人，才会有晋商的辉煌。晋商的时代过去了，但他们的高尚品德永不过时。

愿商界的朋友在游览晋商大院时多想想这个道理。我从常家戏楼中看到的不是财富，而是仁爱之心。朋友们，你们有这种感受吗？

41

经济搭台，文化唱戏

晋商与文化

千万别把山西人看成是只会赚钱的商人，
无论今天的山西商人如何，
历史上的晋商还是有文化的。

游山西　话晋商

　　如今有个时髦的说法是"文化搭台，经济唱戏"，意思是用文化来吸引外商或外地人投资，振兴本地经济。当然，从发展经济来说，这种做法未尝不可。但根据历史唯物主义的观点，经济基础决定包括文化在内的上层建筑。没有发达的经济，哪里有文化呢？

　　在历史上，还是"经济搭台，文化唱戏"的。古希腊、古罗马、古埃及就不用说了，在中国，也是经济在先、文化在后。徽州的文化发达，是靠了徽商的经济实力。晋商对文化的贡献远远不及徽商，但对山西文化的发展也起到了重要作用。

　　到山西首先要看大院。山西的地上文物占全国的70%，灵石的王家大院，祁县的乔家大院，太谷的曹家三多堂、孔家大院，榆次的常家庄园都是人所共知的。其实，你要有时间就到各处看看那些现在还住着人的小院，也很值得玩味。大院小院体现的是建筑文化。山西人的习惯是有钱了就回家盖房，所以首先玩的文化是建筑，这是最体现经济实力的。在我们想来，商人是俗气的，但晋商的各个院落却透露出高雅的气质，其中的每个细节都有讲究，各处的讲解员都会为你介绍这些。你要仔细听，那里体现的文化够你琢磨一阵子的。

　　也许你不爱听山西梆子那高昂的曲调，但它却是山西地道的乡土戏剧文化。一天旅游之后，找个地方听听山西梆子的名剧《打金枝》，你会忘记一天的疲劳的。

　　戏曲和山歌等艺术一样，是来自群众的。按鲁迅先生的说法，干活时为了步调一致或鼓劲，哼哟哼哟就是最早的能唱的诗歌，也就是

有了晋商的经济基础，才有包括戏曲在内的文化。山西梆子与晋商共存亡。剧照是山西梆子名剧《打金枝》。

后来戏曲等的先祖。人们劳累了一天需要放松，或者要表达对异性的爱慕，这时都要哼上几句，发展下来就成为戏曲、歌曲等。山、陕、豫三省交界处的三角地带就是历史上北杂剧的发祥地。

戏曲起源于劳动人民，但要成为一门艺术，还要靠"有闲阶级"，即有钱、有闲，还有点文化的人。戏曲与一切物质产品一样，都是有需求才有供给。只有这些"有闲阶级"的人愿意出钱，戏曲才能成为一个赚钱的行业，才有人专门从事戏曲创作，才会有戏曲的提高。徽剧靠的是徽商中的"有闲阶级"，山西梆子靠的是晋商中的"有闲阶级"。不过，晋商中的"有闲阶级"不像徽商中的"有闲阶级"那样有文化、会享受。所以，山西梆子始终那么"土"，不像徽剧那样可以在两百多年前就进京变为国粹京剧。

山西梆子形成于明，盛行于清，衰落于民国。这与晋商的形成、发展历程是完全一致的。这不是巧合，而是经济决定文化。明代时，山西的富人多在今天的运城一带，尤其以蒲州（今永济市）最多、最集中。他们在祭祀、庆典、节日和平日休闲时都要有戏曲酬神和娱人，这就在陕西秦腔的基础上演变为有地方特色的蒲州梆子。这应该就是山西梆子之始。直到清代乾隆时，山西梆子并无剧种之分。嘉庆时，逐渐有了南北戏之分。道光年间，晋中的商人势力崛起，就在蒲州梆子的基础上形成了中路梆子。今天我建议你们去看的《打金枝》就是中路梆子，也是如今标准的山西梆子，或称晋剧。

山西梆子在晋中一带的发展当然与晋商富起来之后的需求相关。每年正月十五，商人们都要请戏班子演出，表示开市大吉。家里有喜庆事，也要请戏班子助兴。光绪年间，常家兄弟二人同时中举，"翌日，优觞贺喜，奎星神前两班戏，其宗祠前一台，不惜银钱"。太谷任村的富商贾氏在其宗庙至诚宫每年至少演九台祭祀戏。晋商在外，都到会馆活动，不惜金钱请家乡的戏班子来演出就是文娱活动的主要内容。各个会馆专门建有戏台，可见演出之频繁了。这样旺盛的需求当然会刺激山西梆子的供给，戏曲文化就这样发展起来了。

山西商人中的"有闲阶级"除了请戏班子外，还自己投资办戏班子，不为赚钱只为娱乐。祁县的渠氏办起了"三庆戏班"。榆次的王钺办有"四喜戏班"，有艺名叫秃红、秃丑、人参娃娃、一杆旗、一条鱼等的名角。榆次的王湖村富商办了"三合店"戏班，培养出了著名的净角"二八黑"。徐沟县粮商李玉和组成"舞霓园"戏班，重金吸收南北名角和弦鼓师。晋东南壶关铁器商王大旦因受戏班班头和艺人冷落，组建了"上党梆子戏班"，投资10万两白银请北京落魄的翰林编写历史剧《杨家将》，又南下苏杭购置乐器，并在晋城、高平买回十多个聪明伶俐、口齿清晰的小青年，请师傅传授三年。这个班子又排了十多种新剧，故定名为"十万班"，最盛时有演员一百多人。这个戏班曾在慈禧六十大寿时进京演出，受到慈禧赞扬，改名为"乐意班"。这样的事在晋商中并不鲜见。

山西梆子是在晋商的支持之下发展起来的，许多名角如光绪时的核桃红、玻璃翠、夜壶丑、二蛮旦等，都出自晋商出资组建的戏班子。当一个演员不是为生存而演出时，其艺术水平就可以提高了。晋商保证戏班子的演员生活富裕，他们就有了琢磨艺术的心情与时间。当民国之后晋商衰亡时，他们已没有闲情和能力养戏班子、养艺人，山西梆子就衰落了。今天，新一代晋商的出现能否再现山西梆子的辉煌呢？

如今，我们把文化与教育分开了。在晋商那个时代，人们还没有人力资本的概念，也没有把教育作为一种投资。办教育没有太多的功利主义色彩，还是以提高文化素质为主。与徽商相比，晋商的教育也差得多。徽商是"在商言仕"，总想通过教育"学而优则仕"，所以教育极为发达，书院遍地，还有紫阳书院这样的"名牌大学"。晋商是"在商言商"的纯粹商人，教育也是他们玩的文化之一。晋商成功之后也重视子女的教育，但其目的在于让子女有文化、懂道理，把商业做得更好。

晋商中真正重视教育、把教育当文化来做的还是被称为儒商的常家。在常家大院中有两组法帖。一组是《石芸轩法帖》刻石，由"北常"十三世常立方从太谷购得。该法帖高1.6米，长约9米，共132块，上面写的主要是乾隆年间太谷杜大统榜书及其仿王大令、颜鲁公、柳少师三体书《兰亭序》。另一组是《听雨楼法帖》，由"南常"十五世常运元自太谷购得。这是一套汇聚的书帖，原来包括唐、宋、元、明、清32位书法家的精品。可惜由于南祠堂颓坍，刻石大多损毁。现存的拓帖中有一幅经历多手辗转的唐代汾阳王郭子仪草书的《后出师表》。这两个法帖是在其他晋商大院中没有的，去常家庄园一定要好好看一看。

这两个法帖显示出常家的文化氛围。常家至少从八世起就重视子女教育。道光、咸丰年间从十二世起设私塾，请省内知名的举人任教。清末民初，还建立了山西省第一所私立小学"笃初小学堂"和第一所私立中学"常氏中学堂"。常家人文化水平高，从十三世到十六世的260人中有三分之二考取了不同的功名。此外，文人雅士也相当多。例如，"南常"十四世的常维丰、常维梁、常维豫都是颇有造诣的书画家；"北常"十二世常麟书中过进士，十三世常立教参加过"公车上书"、常望春组织过"桦华诗社"，十四世常赞春是近代国学大师、常旭春是著名书法家；等等。直至现在，常家还有不少子弟从事文化教育工作。因而，到常家庄园要注意体会它的文化氛围。

按如今的说法，文化的范围很广，民间的社火、文物与古籍收藏、饮食、武术、科学技术、茶等，都有文化。晋商在这些方面都有贡献，在山西旅游时可以强烈地感受到这一点。

晋商财富搭起的台子，演出了山西文化的戏。千万别把山西人看成是只会赚钱的商人，无论如今的山西商人如何，历史上的晋商还是有文化的。

42

太谷灯下的悲剧

晋商后人的堕落

晋商的后人在太谷灯下吞云吐雾,
预示了晋商的灭亡。
太谷灯烧掉了晋商的财富,
成为给晋商送葬的不祥之灯。

游山西　话晋商

　　山西太谷以灯著称。一种太谷灯是正月十五挂在街上的灯，争奇斗艳的各色宫灯显示出晋商的富有与辉煌。另一种太谷灯是抽大烟用的灯，晋商的后人在这种灯下吞云吐雾，预示了晋商的灭亡。

　　邪恶的东西传播得总是很快。鸦片最早是由葡萄牙人在清康熙时输入中国的，而且很快就由沿海传入山西这样的内地。《山西通史》记载，嘉庆年间，山西太谷、平遥、介休等县的商人就从广东贩回鸦片。道光初年，山西商人又从天津进货。鸦片迅速在山西流行起来，并被大面积种植。从这时起，鸦片就开始危害山西人，危害晋商。

　　那些艰苦创业的晋商对此是有警惕的。他们从小商小贩白手起家，经历了说不尽的艰辛，他们也深知"创业难，守业更难"的道理。曹家、常家、乔家这些大户每年春节祭祖时都要祭拜祖先创业时的放羊铲、扁担、箩筐、小石磨等，以忆苦思甜来教育后人。同时，在店规和家规中都明确规定不许吸鸦片。但这一切都阻挡不了人性中邪恶的那一面。晋商大富大贵之后，含着金钥匙出生的一代早忘记了这一切。他们走上了骄奢之路，在醉生梦死的享受和鸦片的烟雾中断送了祖上的辉煌与财富。

　　太谷灯烧掉了晋商的财富，成为给晋商送葬的不祥之灯。

　　最早毁于鸦片的大概是秦家，时间在乾隆年间。如今谁都知道乔家，但几乎没有人知道与乔家第一代共同创业的秦家。乔贵发与秦氏是结拜兄弟。当年他们不甘贫穷，在乾隆初年到包头创业。先当小伙计，攒了点钱后俩人合开了"广盛公"商号，后来又改名为"复盛公"。再后来，乔家和秦家共同投资了3万两白银，分为14股银股，

42 太谷灯下的悲剧

太谷以正月十五的灯而出名,这种灯显示出晋商的富有与辉煌。

由两家的后人经营。但秦氏的儿子染上了抽鸦片的恶习,不仅把所分的红利全部变成鸦片,而且还不断把股份抽走换为毒资。秦家抽走股份,乔家就补上。最后,乔家占有13.875股,而秦家仅剩0.125股。复盛公成为乔家的商号,也成为乔家发家的起点。鸦片则使秦家二世而亡。

不过在晋商的早期与中期,像秦家二世抽鸦片而亡者还是个例。尽管抽鸦片的百姓不少,但晋商子弟还是能继承先辈的优良传统,把商业做大的。不过,在晋商大富之后,子弟似乎一代不如一代。也许是钱多烧的,也许是对子孙太溺爱了,也许是把买卖交给掌柜后东家没什么事了,也许是想找点东西来填补精神上的空虚。总之,无论是什么原因,许多成功晋商的后人都失去祖上那种勤俭创业的精神,变挣钱为花钱,走上了骄奢淫逸之路。

清人徐珂在《清稗类钞》中给晋商的富人也排了个"福布斯"排行榜。在15个入选的家族中,介休蔚字号东家侯家排在仅次于平阳亢家之后的第二位。其后代侯奎与同样进入排行榜的冀家长孙灵哥,以及另一个大财东郭可观的弟弟郭寿先("二大王")是当地有名的纨绔子弟。在介休，有"介休有三不管，侯奎灵哥二大王"之说。这是说他们三个顶级富翁的子弟声色犬马，竞奢斗富，横行乡里，无人敢惹。

他们奢到什么程度呢？有一次，太谷某绸缎店请侯奎吃了一顿饭，主人请他选购点绸缎，他就把该店的绸缎全部买下了。灵哥听说此事也不示弱，恰巧有一家钟表店请他吃饭，他就把这个店的所有钟表都买下了。

当时每年的9月20日到30日，介休张兰镇都会举行庙会。侯奎、灵哥都来参加，他们在庙会上用赛车来赌输赢。一家是景泰蓝十三太保车，另一家是关东灰鼠里围出风车，大概相当于今天的保时捷、法拉利之类。驾车的骡马也是精选的。以燃两寸香的时间为限，由张兰镇的西门到东门再返回，先者胜。看热闹的百姓拥挤不堪，他们快马如飞，只顾取乐，伤人之后用钱摆平或买通官府就是了。

他们还用钱票点水烟比富，看谁烧得多、抽得多，一张钱票1 000文，在当时可以买50斤白面。一次烧多少，烧了多少次，又有谁知道？这样烧下去，最后烧掉的就是自己。侯奎只活到43岁。辛亥革命后，侯家店铺纷纷被抢、被烧、倒闭，但侯家的太太、少爷们仍然过着花天酒地的生活，没人管商号、票号的事。侯家人人抽鸦片，顿顿鸡鸭鱼肉，没钱就出卖祖产。抗日战争前，侯家最后一代侯崇基已食不果腹，最后因毒瘾发作冻饿而死。一代富豪的后人竟是这样的下场！

晋商中垮掉的一代又岂止这一家。在《清稗类钞》中排行第三的太谷曹家也大致如此。曹家第一代曹三喜到今天辽宁省朝阳市经商，从卖菜、磨豆腐起家，最后商号、票号的分号有四百多家，遍及各地和各个行业，员工三万多人。曹家的先辈也让子孙受教育，祭拜祖先时以其卖菜的筐和磨豆腐的石磨教育后人，但这一切都没能使后代逃脱"富必骄，骄必败"的规律。

42 太谷灯下的悲剧

曹家在商号和票号中实行两权分立,后人早已不过问经营管理的事。无所事事,当然要寻求刺激。民国初年曹家就买了小汽车,1923年又从国外购回一台发电机,建立了家庭电厂。用上了电灯,就要过与别人不同的生活。于是不再"日出而作,日落而息",而是"白天睡觉,晚上活动"。除了吃喝、看戏之外,唯一的享受就是抽鸦片了。曹家仓库里有抽不完的好鸦片,家人随时随地抽,连伙房都全天候服务。再多的家产也有抽完的时候。曹家的曹克让还算个文化人,收藏了价值几百万元的名画,但都被他的不肖子孙偷出去换成了鸦片。这样的东家完全失去了对企业的控制,掌柜们实现了内部人控制,贪污、私分成为常事,这样的商号岂能不垮?后人不在贫困中死去还有什么出路?曹家走过了24代人的辉煌,终于让鸦片葬送了。

乔家和常家的后人有许多还是很优秀的,但家大人多,也有不少

晋商后人在鸦片的烟雾中断送了祖上的财富与辉煌。

抽鸦片败家的。乔家第五代乔映霞定下的家规是：不准纳妾，不准虐仆，不准嫖妓，不准吸毒，不准赌博，不准酗酒。这"六不准"中有五条都实现了，唯独不准吸毒的家规被他的两个弟弟打破了。一个弟弟乔映霄娶妻马氏，夫妻感情笃深，不幸马氏在天津被匪徒绑票，因营救不及而惨遭毒手。映霄终生未娶，心情苦闷，染上了吸鸦片的恶习，借毒消愁。另一个弟弟乔映南文才甚好，由于体弱，深受祖父、父辈溺爱。映南之妻曹氏是个大烟鬼，他就"妇唱夫随"抽上了大烟。曹氏去世后，续弦的太谷张氏也是烟鬼，在他们夫妇的影响下，子女也抽大烟。六个女儿中四个是瘾君子，一个儿子因抽大烟只活到19岁。分家后，乔映南变卖家产换鸦片，于1939年去世。乔家的这一支就此结束了。

在晋商中，常家是文化最高、家教最好的，但毕竟有八百多口人，不肖子孙难免。常家十二世常龄是名医，提出了"洋烟四戒"，还刻成"戒烟碑"警示后人，可惜家族中仍有五分之一的人抽鸦片，抽至破产者也不乏其人。

晋商大户中不吸鸦片的子孙似乎不多，日升昌的东家李氏、大掌柜雷履泰，以及后来成为蔚字五联号大掌柜的毛鸿翙，其子孙都是因抽鸦片而导致贫困、死亡的。我们现在很难想象出当年在太谷灯下人们大抽特抽鸦片的"盛况"，不过晋商的确是在鸦片的烟雾中远去的。

其实把晋商的衰亡归咎于鸦片并不准确，起决定作用的还是抽鸦片的人。人要堕落，没有鸦片也可以有其他方式，如赌博等。晋商的经历告诉我们，当一个人有追求时，就不会堕落。晋商早期追求财富和地位，他们可以百毒不侵。但当他们的后人在实现了这一目标之后，就没有追求了，堕落只是迟早的事。一个人或一个家族富了以后仍然要有更新、更高的追求，生活才有动力和情趣，才能永远保持"金刚不坏之身"。

43

辉煌中的阴影

晋商的另一面

在我们了解晋商时,
别忘了还有为数众多的失败者,
也有不少为我们所不齿的行为。

游山西　话晋商

今天，当我们回顾历史上那些辉煌的时期时，总是更多地渲染了辉煌的一面，而有意无意地回避了辉煌中的阴影。"贞观之治"，我们忽略了腥风血雨的宫廷斗争；"康乾盛世"，我们忘却了空前残酷但并没有绝后的文字狱。其实，历史是复杂的，有主流，也有逆流；有主旋律，也有不谐音。

在当今的"晋商热"中，我们更多关注的是他们的财富和成功，而忘却了那些苦苦奋斗一生却一事无成的大多数。我们更多看到的是他们至今令我们敬仰的商业伦理道德，而忽略了人贪婪的本性所引发的各种劣行。晋商作为一个整体，有一大批不同程度的成功者，有曹家、乔家这样的顶尖级富豪，也有次一级的，或者仅能温饱或小康的中小商人。但千万别忘了，还有数量更多的失败者。晋商为我们树立了商业道德的楷模，但也有不少为我们所不齿的行为。当我们了解晋商时，不能忽视他们的另一面。

我们不想多讲成功者艰辛的奋斗经历。后来的成功者当年都曾经历了常人难以忍受的苦难，经历了我们无法想象的曲折，他们的付出是巨大的。但是，他们成功了，他们的付出有了更高的回报。在任何一个社会中，奋斗的人是大多数，但成功者仅仅是极少数。许多人或者由于能力不够，或者就是命不好，在艰苦的奋斗之后一无所获，甚至搭上了自己的性命。在晋商发展的过程中，有多少人命丧沙漠？又有多少人葬身异乡？遍及各地的山西会馆都有义冢，那里埋葬的都是不知名的商场牺牲者。历史是成功者的记录，很少留下失败者的辛

当年走出杀虎口的人有少数成功了,但又有多少一无所获,甚至葬身异乡者?

酸。我们在讲晋商时,绝不能忘了他们。

明清以来,无以数计的山西人哼着悲凉的《走西口》,走出杀虎口,抱着"不富不回家"的信念,走向茫茫沙漠、关东黑土。清代学者纪昀(纪晓岚)在他的《阅微草堂笔记》中写道:"山西人多商于外,十余岁辄从人学贸易,俟蓄积有资,始归纳妇。纳妇后仍出营利。率二三年一归省,其常例也。或命途蹇剥,或事故萦牵,一二十载不得归,甚或金尽裘敝,耻还乡里,萍飘蓬转,不通音问者,亦往往有之。"

随手举几个例子。

交城县一个叫徐景颜的人到关东去寻找已二十余载无音讯的父亲。一直找到吉林东北角的一个小村庄,偶然遇到一个当年与他父亲一起外出做生意的老乡。老乡告诉他,他的父亲早在七年前就病逝了。

临汾县的田树楷出生时父亲在外经商,直到他长大,父亲也没回来过。他听母亲说,父亲在西北做生意,于是决定到陕西、甘肃一带寻找。整整找了三个年头,最后在酒泉街头巧遇一个山西老人。两人一见如故，细谈之下方知正是他从未见过面的父亲。老人在此流浪，未成功，也不愿回家。

阳曲县的张瑛到塞外做生意，整整二十年杳无音讯。他的大儿子张廷材有一天听说有人在宣府见过他父亲，就动身去找。但张廷材去了数年，家里也无他的音讯。于是，小儿子张廷楱长大后又去打听父亲与兄长的消息。找了一年多没找到，随身带的盘缠也用完了，只能流落街头。一天，他在行乞时遇见一个人很面熟，仔细一看竟是哥哥。兄弟俩相认后，抱头痛哭。哥哥告诉他，他已经打听到父亲在张家口以卖菜为生。于是，兄弟俩又向张家口走去。

《阅微草堂笔记》中记载了不少晋商常年外出引发的男女之事。地方志中有不少丈夫外出经商，妻子苦守一生，丈夫不成功，妻子极为不幸的事例，今天读起来都令人掉泪。那些有巨大付出而无回报的无数山西人，今天已很少有人提到他们了。但是，历史不应该忘记他们，人民也没有忘记他们。山西北部与内蒙古隔河相望的河曲县，至今保留着一个风俗——每年农历七月十五，在黄河上放365盏麻纸扎成的河灯。放这些河灯是希望把远在异乡客死的家乡人的孤魂带回来。一个流传了几百年的风俗，代表了山西人经商的一段伤心史。

如今我们在歌颂晋商诚信的道德，这的确是晋商的主旋律。在当年缺乏法律制约的情况下，诚信更多靠的是人的道德操守。但是，人贪婪的本性是顽固的，总会有一些人还要巧取豪夺，或者为富不仁。

使山西人骄傲的票号来自高利贷和典当业。山西人早就进入了这一行业，而且在全国居于领先地位。但这是一个剥削极重、巧取豪夺的行业，从事这一行业的不少山西人同样心狠手辣。

受高利贷之苦的有农民，也有小官吏。《清实录》曾记载，乾隆时期，湖北汉阳府黄坡县典吏任朝恩向"山西人刘姓李姓"借债。"三扣取利"，就是借据写借1 000两，实际上只得到300两，仍按1 000两还本付息。这两位山西人还追到衙门索债，该典吏"情急，自缢毙命"，这哪里还有一点我们心目中晋商的影子？

山西人向农民放债，在河南最典型。河南人口增长快，又经常有灾害，于是就成为山西高利贷商人剥削的对象。《清实录》记载了山西商人在河南放高利贷、折收农民土地、押当儿女的凄惨事实。乾隆五年（1740年），河南大灾，山西高利贷者"八折借给，滚算日利"，不出一年利大于本，借钱者只好交出土地，甚至儿女。

典当也是一个相当黑的行业。通常当铺是"值十当五"，即物品估价10两银子，只能借5两，而且任意贬低物品，低估价值。如纺织品一定写上"破旧"，皮毛则写"大破、大洞""烂板无毛"，银器写为"毛银"，金饰写成"淡金、河金"，等等。当这些物品成为死当后，又被高价卖出。利息按月计，当一天也算一个月，一个月后第四天就又算一个月。从事这种行业的也是以山西人居多。

山西人在外地也并不全是守法经商。《清实录》中就记载了山西右玉县人张銮在新疆阿克苏开店，与叶尔羌办事大臣高朴的家丁李福勾结走私玉石之事。他们从中获利12.8万两银子，后被查出。山西巡抚又查出赵钧儒、卫良弼、徐盛如等人把玉石走私到南方的事。像这样从事非法经营的山西人当然也不止这几个。

即使在正当的经营中，晋商也有许多手腕，有些可以看出山西人的智慧，有些则是不良行为。我们知道，票号的一个利润来源是"平色余利"。也就是说，在汇兑银子的重量和成色上做文章，把重量称低，或者降低成色。他们还做得很有手段，即对每个客户用这种方法克扣的并不多，客户也不在意。但是，加起来就是一大笔利润。这算不上诚信经营吧？

我们讲过乔家复字号的麻油不掺假、面粉给超量，他们这样做能赢得客户就在于当时存在大量掺假和克扣分量的行为。而做这种事的也是山西商人。

更为普遍的是晋商的官商勾结，虽然在当时的社会中这是不得已而为之，有时也是于公于私两利（如汇兑官饷和借款给政府），但他们也为贪官窝赃、销赃。例如，两广总督叶名琛有200万两白银存在志成信票号，这些钱能干净吗？他们也用金钱、美女把官员拉下水。这种行为现在被称为"商业贿赂"，过去如果被发现也算是犯罪。他们的起家尽管说不上"原罪"，但做到特别大时就不会完全清白了。光绪年间，云南善后军需报销行贿案，所汇到北京用于行贿的银子就由山西的票号汇兑，并编造了一个叫"福裕恒"的假账户。参与其中的有天顺祥票号北京分号掌柜王敬臣、乾盛亨票号北京分号掌柜闫时灿及伙友陈作霖、帅大山，甚至还涉及大名鼎鼎的百川通票号。票号在当时人们心目中的形象并不佳，清末谴责小说《官场现形记》和《二十年目睹之怪现状》中都对此有鞭挞、嘲讽。

我们写这些不是要贬低晋商，而是想让大家知道，不能过分美化、拔高晋商。晋商再成功，再高尚，也有人性中固有的弊病。毕竟晋商也是人嘛！

44

晋商与传统文化

最后的思考

晋商是特定历史条件下的产物,
其成功之处值得我们学习,
其衰败的教训也值得我们吸取。

游山西　话晋商

当我们结束晋商之旅,对晋商有了更为全面、真实的了解时,每个人一定都会思考许多问题。在当今"国学热"再度兴起,人们企图从传统文化中寻找精神支柱,再现中华文明之辉煌时,我们自然会想到,兴盛五百年的晋商和中国传统文化之间究竟存在一种什么关系?

以儒家思想为核心的中国传统文化不是商业文化,而是农耕文化。因此,晋商的成功首先在于对这种传统文化的突破。传统文化是重农抑商的。君子言义不言利、学而优则仕等,都是不利于商业发展的,也正是这种传统阻碍了中国进入资本主义社会。虽然有不少学者认为,中国在明清时曾出现了资本主义萌芽,但这种萌芽始终没有成长为参天大树。其原因在于,这块土地上的政治制度和意识形态不允许资本主义萌芽的存在或生长。传统文化就是抑制资本主义萌芽的意识形态。中国现代化或资本主义化的动力不来自内部,而是来自外部冲击。只有当外来的文化进入大门紧闭的古老帝国时,资本主义才得以缓慢而艰难的成长。

晋商是封建社会的商人,他们是依附于这个制度而存在和发展的。封建社会的自然经济也离不了商品流通,所以在商业不威胁到封建王权的统治时,封建统治者还是允许它存在并给予它一定的发展空间的。但商业文化毕竟不同于农耕文化,儒家文化毕竟不能成为商业发展的思想基础。只有打破传统文化的思想束缚,才能有商业的成功。晋商的成功正在于他们突破了传统文化中不利于商业发展的内容。

晋商对中国传统文化的突破,就在于把"学而优则仕"改造成

"学而优则商"。他们以经商为荣，把经商作为报国、济民的途径之一，从而心安理得地当商人，成为纯粹的商人。从商当然要赚钱，所以他们摒弃了儒家"不言利"的传统，强调在义和信的基础上获利，"义利"并重。

晋商之所以能改造传统文化，关键一点是他们的出身，至少是创业者的出身，都不是文化人。他们并没有受过系统的儒家文化教育，也没有树立严格的儒家文化观。在他们身上突出的是务实的精神。要摆脱贫穷的状况，没有土地，自然条件又差，只有走文化人不屑于走的经商之路。现实的利益使他们敢于背叛传统的思想。而且由于没有受到过什么正统的教育，因此思想上的束缚要少得多，也容易解脱。

这反映了一个共同的规律：那些创业成功者都是以文化甚低，或无文化的人居多。不用说刘邦、朱元璋之类了，就是改革开放之后的第一批成功者也基本上是无文化者。为什么？因为传统文化束缚有文化者的思想，而且，他们靠文化还可以过上小康的日子。既不敢变，也不想变，只能墨守成规，过那种不咸不淡的日子。只有那种没受过什么教育，又感觉没有出路的人，才会走上被社会视为不正规的经商之路。晋商以后无论做得多大、多么有文化，开创者一定是无文化的人。在社会转型时，无文化反而成了一种优势。只有在经济完全转型、经商成功受到社会公认时，有文化的人才有优势。

尽管晋商没有受过什么教育，但他们毕竟生活在封建社会中，所以必定会受到由传统文化所决定的社会伦理道德的影响，并自觉或不自觉地按这种伦理道德行事。应该说，儒家思想作为一种道德体系，是社会不断进步的结果，其中有许多内容不仅适用于一个时代，而且适用于所有时代。晋商利用的正是传统文化中作为文明进步代表的伦理道德。

游山西　话晋商

儒家文化中的伦理道德观对晋商成功起了关键作用。
常家庄园学堂正是进行这种教育的地方。

儒家文化中最重视的是"做人""修身、齐家、治国、平天下"。先有了"修身",才有其他。这就是说,儒家强调的是个人的道德修养。"每日三省吾身"是指每天以儒家的道德标准来检查对比自己的言行,重在自我道德的提高。用今天的话说,就是不断改造自己的主观世界。儒家认为每个人都要像圣人一样行事。

晋商是相当重视这一点的。在他们的观念中,只有首先做一个好人,才能成为一个好商人。东家以这样的标准要求自己,也以这样的标准来要求员工。他们崇拜关公就是想让每一个人都成为像关公那样有高尚道德情操的人。应该说,那些成功的晋商的确是靠自己个人的道德品质成功的。

儒家文化对道德的一个基本要求是诚信。"人无信而不立",这是做人的基本准则。应该说，这是任何一个社会都需要的。晋商看到了诚信的商业价值，从而把诚信变为自己最基本的商业伦理道德。诚信正是晋商成功的基础，而且晋商不是口头上讲诚信，而是把诚信贯彻到他们商业行为的每一个细节中，即使没有法律与社会舆论的监督，他们也会自觉地这样去做。人们经常说"无商不奸"，但晋商自觉地做到了"商而不奸"。这一点即使在今天，也仍然有许多人做不到。

当然，我们也应该看到，儒家文化中一些不适应商业的内容也对晋商产生了不利影响。

儒家文化讲的是人治，更多的是强调个人道德而不是制度。晋商有自己一套在当时相当先进且发挥了良好作用的制度。但这套制度发挥作用的基础却是人治。两权分离建立在知人善用的基础之上，依据的是传统文化中"疑人不用，用人不疑"的思想。这种思想的前提是，你所用的人必须是好人。只有在这个前提之下，东家全权授权经营，东家与大掌柜之间权责利不一致这种有缺陷的制度设计才能起好的作用。

按照现代经济学的观点，在信息不对称的情况下，任何一个东家都不可能找到值得完全信任的不必怀疑之人。所以，应该是"疑人也用，用人要疑"。这就是说，不完全了解并不意味着不能用，但在用的同时要有一套监督制度来防止他们的败德行为。把信任建立在完全信息之上，不如建立在制度之上。仅仅靠对人的了解，那是低层次的信任，范围毕竟有限。所以，晋商只用晋人，"得三晋英才而经商"，而不能把信任建立在制度之上，"得天下英才而经商"。这就使其事业受到限制，难以无限做大。自己认为了解的人找不到了，事业就会受到人才缺乏的限制。而且，一旦知人不善，这并不完全了解的人就会利用制度的缺陷产生败德行为。在一些不成功的晋商中和晋商后期都出现了这样的现象。

传统文化的另一个特征是封闭与保守。应该说，传统文化是一种封闭的体系，缺乏开放的意识。它把中华以外的文明都一律斥为"蛮夷"，不了解，也不去了解，更谈不上吸纳。这种意识形态中的封闭与保守是中国没有走上资本主义道路、长期停滞落后的重要原因之一。

晋商身处偏僻的内地小城，即使学习，重视的也是传统文化。他们对西学、对外部世界根本不了解。19世纪中期以后，中国处于一个变革的社会中，但晋商对这一切视而不见。也正因为这样，他们没有把封建社会的商业资本转变为近代产业资本，没有把票号转变为现代银行。尽管像渠本翘、刘笃敬这样留过学的人眼界开阔了，尽管也有李宏龄这样长期生活在大城市见过世面者，但他们的力量太单薄了，面对以大东家和大掌柜为代表的保守势力，他们的一切努力都无法改变晋商衰亡的趋势。

传统文化有其优秀的内容，但在本质上与现代市场经济是不一致的。因此，把国学作为一种文化来学是必要的，继承其中优秀的内容也是建立市场经济道德规范所需要的，但把国学抬高到吓人的地步，作为现代精神文明的基本内容，那就跨过一步变为谬误了。

晋商是特定历史条件下的产物，其成功之处值得我们学习，其衰败的教训也值得我们吸取。然而，晋商的模式不能"克隆"。明白了这个道理，这一次山西之行就没白来。

主要参考书目

1. 张正明:《晋商与经营文化》,世界图书出版公司,1998年。

2. 张正明:《晋商兴衰史》,山西古籍出版社,2001年。

3. 石骏:《汇通天下的晋商》,浙江人民出版社,1997年。

4. 黄鉴晖:《明清山西商人》,山西经济出版社,2002年。

5. 刘建生、刘鹏生等:《晋商研究》,山西人民出版社,2002年。

6. 孔祥毅:《金融票号史论》,中国金融出版社,2003年。

7. 董继斌、景占魁:《晋商与中国近代金融》,山西经济出版社,2002年。

8. 穆雯瑛:《晋商史料研究》,山西人民出版社,2001年。

9. 张正明、孙丽萍、白雷,《中国晋商研究》,人民出版社,2006年。

10. 黄鉴晖:《山西票号史》,山西经济出版社,2002年。

11. 孙丽萍、高春平:《晋商研究新论》,山西人民出版社,2005年。

12. 张正明:《明清晋商及民风》,人民出版社,2003年。

13. 张正明、邓泉:《平遥票号商》,山西教育出版社,1997年。

14. 程光、梅生:《儒商常家》,山西经济出版社,2004年。

15. 北京三多堂影视广告有限公司:《晋商》,汉语大词典出版社,2004年。

16. 黄鉴晖、《山西票号史料》编写组:《山西票号史料》,山西经济出版社,2002年。

17. 《中国名胜词典》,上海辞书出版社,1986年。

后 记

我是一个年逾六旬的老者,但在晋商研究领域,却是一个新兵。

我是地道的山西人,小学是在太谷县上的。山西有"银祁县,金太谷"之说,我儿时就生活在这"金太谷"中。太谷的富庶深深印在我儿时的记忆中,但直到很久之后才知道有晋商之说。出于山西人的本能和对历史的兴趣,我一直喜欢读有关晋商和山西文化的书。但只是泛读而已,连认真学都谈不上,更别说研究了。

20世纪60年代,当我还是一个大学生,苦读马克思的书时,黄鉴晖、孔祥毅这些晋商研究的前辈已经在着手收集、整理晋商票号的资料了。改革开放之后,当黄鉴晖、孔祥毅、张正明、刘建生这一代学者已进入晋商研究领域并有开拓性成果发表时,我正沉醉于西方经济学之中。21世纪初,我读到成一先生写的《白银谷》。这本小说以晋商为主题,故事发生在我儿时生活的"金太谷",因此唤起了我对儿时的回忆,也激起我了解晋商的兴趣。于是我找到当时能找到的所有有关晋商的书,读过后写了一篇《探求晋商衰败之谜》(发表于《读书》杂志)。这应该是我正式进入晋商研究领域之始。不过,我始终

游山西　话晋商

不是一个专业研究者，我的主业仍然是西方经济学。在晋商研究领域，我充其量是一个"票友"。

也许由于我是山西人，也许由于《探求晋商衰败之谜》那篇文章，也许由于我在讲课和文章中经常以晋商为例子，不少单位经常请我去讲晋商。清华大学EMBA的学员还多次组织"晋商之旅"，请我去讲解。人们对晋商的兴趣如此之大，激发了我研究晋商的兴趣。于是，我不断寻找资料，不断阅读研究晋商及有关商帮的书，也不断思考问题，其间也陆续为一些报刊写过有关晋商的文章。此外，还在中央电视台《百家讲坛》上讲过晋商，也在其他电视台参与过有关晋商的节目。

"晋商热"在神州大地不断升温，各种著作、小说、电视剧层出不穷。我一直想写一本介于学术和通俗之间的书，让更多的人认识晋商的真面目。这本书不能是高深的学术著作，尽管这种著作对研究晋商极有意义，但阳春白雪的受众面毕竟太小。这本书也不能是艺术虚构的，因为那毕竟不是真实的历史。许多假多于真的清宫剧给了人们混乱的历史概念，危害不浅。我们无法真实再现历史，但起码要努力接近历史真相。这本书定位于雅俗之间，对象是所有想了解山西和晋商的人。

从2004年起，我开始筹划和准备这本书的写作，其中有几篇文章今年发表于《经济观察报》，但在写作中我时常感到不易：其一，有关晋商的资料和研究相当有限，尤其是留下的文字材料不多。其二，我没有受过史学的专业训练，又是研究晋商的新手，因此书中的不当之处，肯定不少，恳请得到前辈学者和读者的指正。

这本书虽然由一篇篇独立的文章组成，但还是有个体系，希望向读者提供一个晋商的整体介绍。内容有史实、有传说、有评论、有分

后 记

析，也有我自己的一些感想。把这些东西糅在一起，希望朋友们能爱读，而且读了有收获。

这本书借鉴了许多前辈学者研究的成果。这里特别要感谢黄鉴晖先生、张正明先生、孔祥毅先生、刘建生先生等山西学者，他们精深的开拓性研究著作是我写这本书所依赖的主要参考资料。作为一本非学术著作，我没有一一标出所用资料或引用观点的来源，但我列了一个主要参考书目附在后面，以示对这些作者的深切谢意。

这本书的出版得到了北京大学出版社所有领导与员工的大力支持，尤其是主抓这本书的副社长孙晔先生、经济与管理图书事业部主任林君秀女士和编辑张静波先生。他们为找插图及其他编辑工作付出了辛勤劳动，尤其是我不会用电脑，完全手写，又为编辑工作增加了难度。《经济观察报》编辑殷练女士把其中的几篇文章发表在该报上，并提出了许多宝贵的意见，一并致谢。我还要感谢清华大学和其他学校EMBA的学员们，他们对我写这个题目的鼓励和催促，是我写作的动力来源之一。同时，也感谢那些读过我在报刊上发表的有关晋商的文章，并给以鼓励和指正的读者朋友们。

当这本书写完时，正值八月十五中秋节。望着那一轮看不清楚的明月，我想起了苏东坡老先生的"但愿人长久，千里共婵娟"。把这句名言送给各位朋友，祝你们快乐地度过每一天。愿我的这本书能给你们带来快乐！

梁小民

2006年10月6日

于怀柔陋室

再版后记

《小民话晋商》是在2006年写成，2007年出版的。出版后受到读者欢迎，曾多次重印。近十年过去了，仍有读者在寻找这本书。出版社建议再出新版。

原来写这本书时想把"游"山西和"话"晋商结合起来，但写完之后觉得"游"的内容并不多，遂用了《小民话晋商》这个书名。这次再版，我还想按老思路写，即以游为线索讲晋商。因此加了一些游的内容，希望读者在游山西中了解晋商。如今"晋商游"已成为旅游的热点，许多人去山西就是想进行山西晋商文化之旅。但愿我的书可以促进这种有意义的旅游活动。这次修订增加了两篇文章，并针对旅游加了一点内容，书名改为《游山西　话晋商》。

这次再版得到北大培文文化教育集团高秀芹女士、周彬先生以及北京大学出版社经济与管理图书事业部林君秀女士和叶楠女士的支持与帮助，在这里向他们表示衷心的感谢。

一本书永远在修改之中，这次修订有什么不足之处请广大读者批评指正，以便我不断提高，使这本书精益求精。

梁小民

2015年5月4日